SCIENCE

科学原来这样美
QINGSHAONIAN AI KEXUE
李慕南　姜忠喆◎主编 〉〉〉〉

少年爱科学

KEXUE YUANLAI ZHEYANGMEI

普及科学知识，拓宽阅读视野，激发探索精神，培养科学热情。

幕后真相

★包罗各种科普知识，汇集大量精美插图，为你展现一个生动有趣的科普世界，让你体会发现之旅是多么有趣，探索之旅是多么神奇！

吉林出版集团
北方妇女儿童出版社

图书在版编目(CIP)数据

幕后真相 / 李慕南, 姜忠喆主编. —长春: 北方
妇女儿童出版社, 2012.5(2021.4重印)
(青少年爱科学.科学原来这样美)
ISBN 978 - 7 - 5385 - 6298 - 9

Ⅰ.①幕… Ⅱ.①李… ②姜… Ⅲ.①科学知识 – 青
年读物②科学知识 – 少年读物 Ⅳ.①Z228.2

中国版本图书馆 CIP 数据核字(2012)第 061597 号

幕后真相

出 版 人	李文学
主 编	李慕南 姜忠喆
责任编辑	赵 凯
装帧设计	王 萍
出版发行	北方妇女儿童出版社
地 址	长春市人民大街 4646 号 邮编 130021
	电话 0431 – 85662027
印 刷	北京海德伟业印务有限公司
开 本	690mm × 960mm 1/16
印 张	13
字 数	198 千字
版 次	2012 年 5 月第 1 版
印 次	2021 年 4 月第 2 次印刷
书 号	ISBN 978 – 7 – 5385 – 6298 – 9
定 价	27.80 元

前　　言

科学是人类进步的第一推动力,而科学知识的普及则是实现这一推动力的必由之路。在新的时代,社会的进步、科技的发展、人们生活水平的不断提高,为我们青少年的科普教育提供了新的契机。抓住这个契机,大力普及科学知识,传播科学精神,提高青少年的科学素质,是我们全社会的重要课题。

一、丛书宗旨

普及科学知识,拓宽阅读视野,激发探索精神,培养科学热情。

科学教育,是提高青少年素质的重要因素,是现代教育的核心,这不仅能使青少年获得生活和未来所需的知识与技能,更重要的是能使青少年获得科学思想、科学精神、科学态度及科学方法的熏陶和培养。

科学教育,让广大青少年树立这样一个牢固的信念:科学总是在寻求、发现和了解世界的新现象,研究和掌握新规律,它是创造性的,它又是在不懈地追求真理,需要我们不断地努力奋斗。

在新的世纪,随着高科技领域新技术的不断发展,为我们的科普教育提供了一个广阔的天地。纵观人类文明史的发展,科学技术的每一次重大突破,都会引起生产力的深刻变革和人类社会的巨大进步。随着科学技术日益渗透于经济发展和社会生活的各个领域,成为推动现代社会发展的最活跃因素,并且成为现代社会进步的决定性力量。发达国家经济的增长点、现代化的战争、通讯传媒事业的日益发达,处处都体现出高科技的威力,同时也迅速地改变着人们的传统观念,使得人们对于科学知识充满了强烈渴求。

基于以上原因,我们组织编写了这套《青少年爱科学》。

《青少年爱科学》从不同视角,多侧面、多层次、全方位地介绍了科普各领域的基础知识,具有很强的系统性、知识性,能够启迪思考,增加知识和开阔视野,激发青少年读者关心世界和热爱科学,培养青少年的探索和创新精神,让青少年读者不仅能够看到科学研究的轨迹与前沿,更能激发青少年读者的科学热情。

二、本辑综述

《青少年爱科学》拟定分为多辑陆续分批推出,此为第二辑《科学原来这样

美》,以"美丽科学,魅力科学"为立足点,共分为 10 册,分别为:

1.《头脑风暴》

2.《有滋有味读科学》

3.《追寻科学家的脚步》

4.《我们身边的科学》

5.《幕后真相》

6.《一口气读完科普经典》

7.《神游未知世界》

8.《读美文,学科学》

9.《隐藏在谜语与谚语中的科学》

10.《名家笔下的科学世界》

三、本书简介

本册《幕后真相》全面汇集世界上最不可思议的神秘事件,用真实、客观的镜头,全新展示科学探秘的惊险历程和不为人知的幕后真相……秘境探奇,如何遭遇精魄事件? 魅影传说,难倒死人真能复生? 神奇宝藏,却是惊世悬案? ……揭秘,探索,最新发现即将终结世纪悬念! 离奇事件迷雾重重,科学揭秘幕后真相:外星人神秘莫测,为何降临地球? 听命湖地处大山深处,为何能呼风唤雨;藏宝船海上倾覆,究竟陷落何处? 神秘的天外来客、古老宫殿的恐怖传说、人类复活事件、人间悬案的惊天内幕……神秘离奇,令人谈之色变;探索发现,惊天秘密层层剥开!

本套丛书将科学与知识结合起来,大到天文地理,小到生活琐事,都能告诉我们一个科学的道理,具有很强的可读性、启发性和知识性,是我们广大读者了解科技、增长知识、开阔视野、提高素质、激发探索和启迪智慧的良好科普读物,也是各级图书馆珍藏的最佳版本。

本丛书编纂出版,得到许多领导同志和前辈的关怀支持。同时,我们在编写过程中还程度不同地参阅吸收了有关方面提供的资料。在此,谨向所有关心和支持本书出版的领导、同志一并表示谢意。

由于时间短、经验少,本书在编写等方面可能有不足和错误,衷心希望各界读者批评指正。

本书编委会

2012 年 4 月

目　　录

恐怖的液体海底

100 多年前，在大西洋西北洋面上，有一艘渔船正在进行捕捞作业。渔船把网撒到海里，便拖着渔网前进。突然，船速明显降低，仿佛从沙滩上奔向大海的人一下水就走不动似的。

船员们大吃一惊，脑海里立刻闪现出一系列海怪的传说，莫非自己的船被海怪攫住了，恐怖感立刻笼罩全船。

船长命令全速前进。可是任凭机器怎么吼，螺旋桨怎么转，这船却一步也不能移动了。会不会是渔网拖住了什么东西？

船长下令："收网！"

船员们拼命地往上拉渔网。可是，越拉，大家越害怕：从来都是撒开的渔网，今天却被卷成长长的一缕，仿佛有一只巨手扯着渔网，要把渔船拖向可怕的深渊。

"弃网！"船长胆怯地下令。

船员们操起斧头，三下两下就把渔网砍断了。然而，这一切都无济于事，渔船仿佛被粘性无穷的胶水粘住了，一点也不能动弹了。

船员们惊恐万状，有的祈祷上帝保佑，有的哀求海怪宽恕……

正当船员们绝望的时候，突然有人发现渔船开始动弹了，起先是慢慢移动，接着越来越快，终于脱离了这个令人恐怖的地方。

渔船返港了。船员们向亲人诉说着这次奇遇。可船为什么会被海水"粘"住？他们除了解释是海怪作祟外，谁也说不清到底是怎么回事。

无独有偶，海水"粘"船的事，也被挪威著名探险家南森遇到了。

自小就立志做一个北极探险者的南森，为了证实北冰洋里，有一条向西的海流经过北极再流到格陵兰岛的东岸，不顾亲人的劝阻，设计制造了一条没有龙骨、没有机器的漂流船。这条船好像切成两半的椰子壳，船壁坚厚，船头上伸出一根又粗又硬的长角。南森给船命名为"弗雷姆"号，翻译成中文就是"前进"号。

1893年6月19日，南森率船从奥斯陆港出发向北极方向驶去。8月29日，当船行驶到俄国喀拉海的泰梅尔半岛沿岸时，突然走不动了，船被海水"粘"住了。

顿时，船上一片混乱，有的在绝望地呻吟，有的在祈祷："死水，死亡之水呀，我们就要葬身在这里了，上帝救救我们吧！"

毕竟是探险家，南森却没有一丝惊慌的表情。他环视了海面，只见四周风平浪静，离岸也很远，不是搁浅，也没有触礁。那么，问题出在哪里呢？南森想，可能就是碰上传说中的"死水"了。他认真测量了不同深度的海水，记录下了观测的结果。

船员们对南森的行动不解，有人问："队长，你在海水里测了半天，这到底是怎么回事？海水里有海怪吗？"

南森回答道："不是海怪作祟。这'死水'的奥秘总有一天会弄明白的。"

不一会儿，海上刮起了风，"弗雷姆"号风满帆张又开始移动。船员们欢呼雀跃，庆幸自己死里逃生。

此时，南森仍在琢磨着。他发现，当船停在"死水"区不能挪动一步时，那里的海水是分层的，靠近海面是一层不深的淡水，下面才是咸咸的海水。他想，船被海水"粘"住的原因可能在此。

南森在寒冷的北极海洋中漂流了3年零2个月，终于弄清了在冰层下，确实有一条海流，同时，他还总结了浮冰的规律。

1896年8月15日，南森经历了千辛万苦之后，终于回到了挪威。他没有陶醉在一片恭维声中，而是请来了海洋学家埃克曼，共同探索"死水"的奥秘，终于弄清了其中的道理。

原来，海水的密度各处不同。一般说来，温度高的海水密度小，而温度低的海水密度大；盐度低的海水密度小，而盐度高的海水密度大。如果一个海域里有两种密度的海水同时存在，那么，密度小的海水就会集聚在密度大的海水上面，使海水层层分布。这上下层之间形成一个屏障，叫"密度跃层"。这"密度跃层"有的厚达几米。这种稳定的"密度跃层"，可以把海水分成两种水团，分别位于跃层的上下，并以跃层作为界面。如果有某种外力

（如月亮、太阳的引潮力，风、海流的摩擦力等）作用在界面上，界面就会产生波浪。这种波浪处于海面以下，人的肉眼完全看不见，因此称之为内波。

在海岸附近，江河入海口处，常常形成"冲淡水"，盐度和密度显著降低，它们的下面如果是密度大、盐度高的海水，就会形成"密度跃层"。寒冷地区夏季海上浮冰融化了，含盐低的水层浮动在高盐高密度的海水之上时，也会形成"密度跃层"。南森遇到的就是后一种情况。

一旦上层水的厚度等于船只的吃水深度时，如果船的航速比较低，船的螺旋桨的搅动就会在"密度跃层"上产生内波，内波的运动方向同船航行方向相反，内波的阻力就会迅速增加，船速就会减低下来，船就像被海水"粘"住似的寸步难行。当年南森的"弗雷姆"号被"粘"住时，船速就由4.5节突然降低到1节。后来，是风的推力超过了内波的"粘"力，才使南森的船脱险。

"死水"区的内波，由于水质运动的方向不同，不但会把渔船的渔网拧成一缕，还会使船舵失灵，甚至会使船只迷航。

科学家经过计算，得出内波的速度一般在2节左右，如果航速大大超过内波速度时，海水就无法把船"粘"住了。如今舰船速度大大超过内波速度，因而海水"粘"船现象就成为了历史。

虽说"密度跃层"产生的一般性的内波"粘"不住现代舰船了，可"密度跃层"却能压住水中下潜的潜艇。

一次，有一艘潜艇奉命巡航，来到预定海域后，潜艇均衡完毕，艇长下达了下潜的命令。不一会儿，潜艇顺利下潜，5米、10米、20米……一直到40米时都很正常，当潜艇下潜到50米时，升降舵手报告说，已经到达海底了。艇长说："不对呀，这个海区深度100多米，怎么下潜一半就到底了呢？"

艇长下令停车检查：深度计完好无损，其他仪器也都正常。到底是怎么回事呢？

艇长一拍脑门："准是碰上'液体海底'啦！"

果不其然，这艘潜艇被"液体海底"托住了。

"液体海底"就是"密度跃层"。海水密度一大，浮力就大。加上这"密度跃层"又有几米厚，这么厚的"屏障"，再加上均衡好的潜艇在水下力矩又小，因此，就被这"液体海底"托住了。

这时，只要潜艇用升降舵造一个倾角，开足马力，就可以摆脱"液体海底"的巨掌。

1960年1月23日，瑞士的雅克·皮卡尔乘坐"的里雅斯特"号深潜器，开始了人类首次潜入世界大洋中最深的地方——马里亚纳海沟时，多次遇到"液体海底"的粘托。

那天上午，"的里雅斯特"以每秒1米的速度缓缓向1万多米深的海沟潜去，几分钟后，深潜器突然停止下潜。难道这么快就着底了？不，不可能，这里是万米深渊，离海底还远着哩。那么，是深潜器出故障了吗？也不会，因为"的里雅斯特"号久经考验，况且下潜前又经再三检查，绝不会有什么问题。

雅克·皮卡尔又检查了一遍机械，没发现异常。当他观察海水温度表时，发现海水的温度变化剧烈。这时，他才明白，原来是"密度跃层"在作怪。

皮卡尔放掉一些汽油，放进一些海水，从而增加了深潜器的重量。这样，深潜器就突破了"液体海底"的阻挡，继续下潜了。

令人惊异的是，下潜仅10米，深潜器又一次被"粘"住了。他不得不再次调整压载重量，又一次突破"液体海底"的阻挡。

下潜20米后，深潜器第三次被"粘"住。

这样折腾了4次，深潜器才完全冲破"液体海底"设置的"封锁线"，一路顺畅潜到万米海底，创造了人类探险史上的新纪录。

虽然"密度跃层"已不能"粘"住现代舰船，但对"密度跃层"的研究却极有军事价值。"密度跃层"厚达几米，海水的密度增大，仿佛筑起一道厚厚的"墙"，声纳发出的声波碰到这堵"墙"，就被反弹回去。当潜艇遇到水面舰艇的追捕时，如果钻到"密度跃层"下面，水面舰艇声纳发出的声波穿透不了"密度跃层"，就会成为"聋子"和"瞎子"，而潜艇却能安全撤离或发起反击。

小飞行女神的神秘失踪

1994 年 6 月 7 日，美国 12 岁的小姑娘维基·范·米特，实现了飞越大西洋的夙愿，成为美国人心目中的"小飞行女神"。

维基是 6 月 5 日从美国的缅因州奥吉斯塔机场起飞的。在飞越大西洋之前，她熟练驾机绕场数周向大家告别，然后就开始飞行。维基在苏络兰的格拉斯哥国际机场降落之后，追踪而来的数十名美国记者将她围得水泄不通，有的称呼她为"小飞行女神"，有的干脆叫她"小阿米尼娅"，维基在回答记者提问时说："我只不过重现了当年伊尔哈特创造的飞行奇迹。"

豪兰岛是太平洋波利尼亚群岛中的一个小珊瑚岛，长约 4000 米，宽约 3000 米。这儿是热带海洋性气候，岛上长满了槟树，显出一种神秘的氛围。然而，从 1925 年开始，豪兰岛似乎已变成一个神秘莫测的世界，离奇古怪的海难事故接踵而来，令人感到惊恐不安。为了弄清原因，美国政府曾于 1936 年 12 月作出决定，准备派一艘设备齐全的海洋调查船到豪兰岛海域进行科学考察。但在备航期间，却又发生了一件令人惊讶的事件：1937 年 3 月，巴西的一艘大型货轮在豪兰岛海域莫名其妙地失踪了。后经巴西、美国、英国、法国的多方调查，仍杳无音讯。为了慎重起见，美国有关当局又决定推迟海洋调查船的起航时间。

1937 年 6 月，赫赫有名的"空中神行太保"、世界航空界红极一时的阿米尼亚·伊尔哈特小姐宣布，她决定驾驶"艾里克特"号飞机做一次惊人的横渡太平洋的试验飞行。飞行路线是：从新几内亚伊里安岛的莱城经豪兰岛到夏威夷。这在当时，连男性飞行员都不敢尝试，何况豪兰岛海域是海难频繁的"魔鬼区"。因而，伊尔哈特小姐的这次横渡太平洋的飞行计划，引起了社会各界的极大关注，并纷纷通过新闻界表示他们对她的崇敬、鼓舞与支持。美国有关当局得知这一消息后，决定将在豪兰岛上空的部分测航任务委托她去完成，伊尔哈特小姐非常愉快地应诺了这一外加任务。

阿米尼娅·伊尔哈特的飞行计划，在开始阶段进行得非常顺利。至 6 月下旬，她已完成了大部分试验飞行课目。在进入太平洋之后，伊尔哈特小姐决定在新几内亚的莱城休整几天，为最后横渡太平洋这段最艰难的航程养精蓄锐，并对应急物资作些必要的补充。

经过数日的休养，阿米尼娅·伊尔哈特已恢复精神，决定于 7 月 1 日从莱城起飞，进行中途不着陆的 4200 公里续飞航程抵达豪兰岛，刷新她于 1935 年创造的 3700 公里的纪录。但此次出师不利，正当她准备驾机起飞时，天气突然变坏，不得不推迟起飞时间。

7 月 2 日，天气晴朗，空中万里无云，是飞行员们所盼望的大好日子。9 时正，伊尔哈特小姐从莱城机场起飞，在空中绕了一圈后就朝豪兰岛方向飞去。飞到 1000 公里时，机场和她进行通话。当阿米尼娅·伊尔哈特的飞机离豪兰岛只有一个小时的航程时，突然传来了伊尔哈特小姐惊恐不安的呼叫声："我的飞机飞进了一种类似海绵体的'湿海风肺腔'里，这既不是天空，也不是海水，而是一种莫名其妙的混合物，有一股强大的磁场……

"我的飞机遇到了浓雾，又像是急剧向上升腾的蒸气。我仍然看不见陆地……我的位置在豪兰岛以西约 160 海里……机上的汽油只够飞行半小时……"

后来干扰越来越大，豪兰岛机场上的报务员愈来愈听不清了。当地时间 19 点 20 分时，伊尔哈特与豪兰岛之间的电讯完全中断。

意外来得如此突然，使豪兰岛机场上的人们一片焦虑不安。塔台上的报务员张大嗓门一遍又一遍地呼叫着："K·H·A·Q……"可就是收不到伊尔哈特小姐的回音。这时，豪兰岛机场上的指挥官命令一群士兵把几个汽油筒点燃，以便让伊尔哈特小姐能够看见这片陆地。烈焰顿时将豪兰岛的天空映得通红，人们仰望天空，一片空空如也，连一只小鸟也没有看到。时间流逝表明，伊尔哈特的飞机油量已耗尽，她应该在豪兰岛降落了。人们的情绪也紧张到了极点，盼望她能奇迹般地从空中出现，然而，火染的夜空依然万籁俱寂，看不到一丝飘物。豪兰岛机场上的一架军用飞机向伊尔哈特最后发出信号的那个海域上空飞去，也一无所获地返回了机场。这时，大家都已意识到，可悲的事情已经发生，阿米尼娅·伊尔哈特小姐真的出事了。

豪兰岛上的美军机场立即向夏威夷报警，并向在豪兰岛海域航行的所有船只发出了求救信号。

7月2日深夜23时许，一艘英国巡洋舰"埃齐勒断"号，突然收到一微弱的呼救信号，尽管报务员已竭尽全力，企图与这个信号取得联系，但呼救信号很快消失了。然而，这突如其来的信号，无疑为搭救阿米尼娅·伊尔哈特提供了一线希望。

为此，美国政府决定不惜一切代价，全力营救他们的"飞行女神"。7月4日早晨，太平洋舰队首先从珍珠港抽调出15艘驱逐舰和轻巡洋舰，随后又调动了巨大的航空母舰"列克星敦"号、战舰"科罗拉多"号和"亚利桑那"号，组成了一支庞大的搜索舰队。美国政府同时还向这一地区的国家，发出帮助寻找女飞行员的请求。虽然其营救对象只有一名女飞行员，但所组织的搜索阵容之庞大，却是史无前例的。

7月6日傍晚20时许，法国的海洋调查船"联盟"号，抵达豪兰岛海域女飞行员失踪的海区，参加海上援救，并立即发出了呼叫联络信号。至夜间23点时，"联盟"号突然收到干扰很强的呼救信号，他们只能听清"我是K·H·A·Q"。与此同时，豪兰岛机场也收到了这个信号。报务员立即呼叫："伊尔哈特小姐：请告诉你现在的位置……""我在……"，"我在一个岛上"，"我的飞机在海上漂浮"。当人们隐隐约约地听完这些回音之后，强大的干扰波再次淹没了"艾里克特"号的信号。

同一天，辛辛那提和洛杉矶两地的几个业余无线电爱好者，也曾隐约地听到了伊尔哈特小姐求救的电讯，其中有两组数字：179和16。经飞行专家们分析，这两组数字应该是经度与纬度。但一经组合起来就有四种可能。但豪兰岛在赤道以北，为西经178度15分，北纬14度20分。考虑到伊尔哈特7月2日晚上，电讯中断的最后位置，营救者决定把搜索目标集中到西经179度、北纬16度和东经179度、北纬16度附近。

搜索舰队在几十架飞机的配合下，夜以继日地在这两个区域搜索着。虽然天气晴朗，大海一片微波荡漾，非常有利于海上搜索营救行动，但他们没有发现任何目标。极为令人费解的是，求救信号依然时有时无。7月9日，"联盟号"又给"艾里克特号"发出呼叫信号："如果你身体健康，并且在陆上，请发出4长声。"在"联盟号"一遍一又一遍的重复呼叫中，终于得到了响应。下午15时35分，"联盟号"收到了三长一短的回音信号。

这究竟是什么意思？是否说，伊尔哈特小姐的身体良好，但不在陆上？

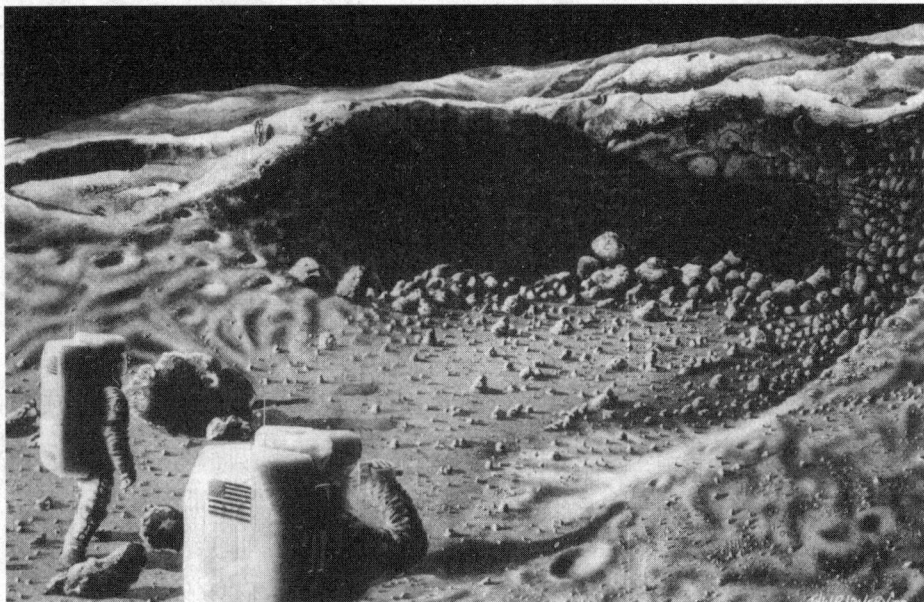

营救者仍不解这三长一短回音的含意。"联盟号"继续发出呼叫信号，收到的仍旧是相同的回答，夏威夷电台和旧金山的贝壳电台也都收到了同样的电讯。据此，营救人员便想出了一个确定位置的方法，即在豪兰岛、旧金山和夏威夷同时用无线电测向器测定伊尔哈特小姐发电讯的神秘位置，然后通过几何作图法在地图上标出这三条直线，这三条直线的交点就是她所在的位置。

果然，伊尔哈特小姐求救信号于7月10日再次出现，三个地方的无线电测向器同时抓住目标，结果发现，交汇点就在豪兰岛以北约500公里的海面。事实上，这个海区已经被搜寻了好几遍，而且在接到电讯的当时，他们既没有发现这个海区的任何漂浮物，也没有监听到所发出的求救信号。营救人员被坠入云里雾里，整个搜索舰队全部陷入茫然不知所措中。

7月10日下午，已经过了一个星期，远征的"列克星敦号"航空母舰也赶到了伊尔哈特小姐出事的海域，由美国海军准将墨芬坐镇指挥，他立即下令再次投入大规模的搜索救助行动。数十架飞机在海上轮番不停地巡逻了两天两夜，这位女飞行员的行踪仍杳无音讯。

伊尔哈特小姐到底在什么地方？那些使人发疯的呼救信号到底意味着什么？这使墨芬海军准将烦恼不已。可在7月12日早晨，副官托马斯·门罗突然闯进了墨芬将军的办公室。他报告了一个激动人心的消息，法国人发现了伊尔哈特发出的烟火。

事情的经过是这样的，这天早上 7 时 35 分，"联盟号"的瞭望哨突然看到了右舷 10 公里海面有一团桔黄色的烟火升起，瞭望哨立即把这个新发现报告给船长苏纳斯。苏纳斯船长闻讯后，立即朝那个方向观察，果然有一团烟火漂浮于海面，他立即向"列克星敦号"发出了电报。墨芬将军听完这个报告之后，立即指挥"联盟号"前去救援。

苏纳斯船长接到命令后立即指挥"联盟号"全速向目标驶去，并不间断地发出呼叫信号。墨芬准将焦急不安地等待着来自"联盟号"的消息。然而，"联盟号"最后还是送来了令人沮丧的消息。桔黄色的烟火不但对他们的呼叫置之不理，而且总是距离"联盟号"10 公里左右，逃避营救者的追踪。在跟踪近 2 小时后，这团烟火突然升空而起，在 30 多米高的空中，像幽灵般地旋转了几下，一声巨响，一道"海天大闪电"后，它就在众目睽睽之下消失了。船上的法国人全懵了，难道这是天外来客飞碟所为？

几十年过去了，由于不断发现伊尔哈特的遗物以及崇拜者的集会活动，特别是小维基在 1994 年重现了她当年的横渡大西洋的航线，又引起人们对这位 30 年代的"飞行女神"深深的怀念，以及对这神秘的世纪之谜的重新猜测。

神秘失踪的原子弹

1945 年 8 月 9 日，对于日本的长崎来说，这是一个和 8 月 6 日的广岛一样的黑色的日子。但是对于美苏长达近半个世纪的核对抗来说，8 月 9 日这一天充满了难解之谜。人们一直试图弄明白，这一天在日本的长崎，美国是投下了一颗原子弹呢？还是两颗？

如果是两颗，那么第二颗原子弹到哪里去了？

随着时光的流逝，美国原子弹研究的秘密逐步被世人所了解。最有权威性的材料，莫过于美国原子弹研制和生产的组织者，美国退役陆军中将格罗夫斯的回忆录。

1945 年 7 月 24 日，格罗夫斯在给马歇尔的报告中，就提出了对日本的 4 个原子弹轰炸目标，它们是广岛、长崎、小他和新野。

到 7 月底，确定了其中的 3 个目标。格罗夫斯在他的回忆录中明确写道："广岛是第一目标，小他兵工厂和小仓是第二目标，长崎是第三目标。"

为此美国从一开始就准备了 3 颗原子弹。为投掷这 3 颗原子弹，509 飞行大队准备了 7 架飞机。

在轰炸广岛之后，美国积极进行了轰炸另外两个目标的准备工作，可以肯定，美国在对小他和长崎的轰炸之前，运到提尼安空军基地的是两颗原子弹。

8 月 9 日凌晨 3 时 49 分，美国提尼安空军基地两架 B—29 轰炸机和两架侦察机起飞。两架轰炸机向小仓飞去。到达小仓上空时，天空中阴云翻滚，烟雾浓密，用肉眼根本看不见目标。机长威内斯驾驶飞机，从小仓上空一连 3 次飞过，用了 45 分钟，还是没有找到目标，恶劣的天气挽救了这个城市成千上万的生命。

飞机只好飞向第二目标长崎，长崎上空同样是云雾重重。但是这一次飞机是不可能带着核弹返回的，于是临时决定采用雷达轰炸。当飞机做好了投弹准备的时候，空中云雾突然散开了，天空中出现了一个清楚的大洞。轰炸员比汉透过这个大洞，看到了峪中的一条条道路，于是果断地把核弹投了下去……

事后美国战略轰炸统计局估计，约有 35 万人死亡，6 万人受伤。

对于这次轰炸，美国方面一直保持沉默，没有做过任何说明和解释，只有格罗夫斯在事后听到伤亡人数时说："这个数字比我们原来估计的要少得多。"美国方面原来估计的数字，是两颗原子弹同时爆炸的死亡数字，而事实上只爆炸了 1 颗。

美国在长崎投下的是两颗原子弹，当时日本长崎的防空报告，准确地记录下了这一情况。

日本长崎知事致防空总部长官，九州地方总监，西部军管区参谋长的报告如下：

本日 10 时 50 分 B－29 两架，自熊本县上空向北进，经过原半岛西部橘湾上空入侵长崎市上空，11 时 2 分投下附有降落伞新型炸弹 2 个。

由于爆炸的这颗原子弹，偏离目标约 2000 米，所以另 1 颗未爆炸的原子弹，并没有受到损害。接到报告后日军大本营立即派人将这颗没有爆炸的原子弹严密看管起来。

这可谓是天赐良机，日本虽然遭到了美国原子弹的轰炸，但同时也因祸得福得到了 1 颗原子弹，如果条件可能，日本也可以造出自己的原子弹。

日军大本营立刻召开了紧急会议，会上认为日本目前已经成为战败国，要制造原子弹已不可能，而且帝国大学的原子加速器已遭到了美国飞机轰炸的破坏，要想挽救日本只有一条出路，这就是将原子弹交给前苏联。由于战局紧张，日本派代表约见了苏联情报总局局长。

日本代表对前苏联情报人员说："我们完蛋了，美国使我们屈服了，但是如果原子弹为美国和苏联同时掌握，我们深信日本在不久的将来，定能重新站立起来，并在大国之中占有适当的位置。"

在这一点上，日本表现出的可以说是一次划世纪的赌注，也可以说是一次战败国独到的远见。日本将原子弹交给了前苏联，前苏联当时是否对日本作出了某些承诺，这一点至今仍然是个谜。

1949 年 8 月 29 日 4 时，前苏联第一颗原子弹代号"首次闪电"爆炸成功。美国总统杜鲁门被惊呆了，接连自语："这是真的吗？是真的吗?"

格罗夫斯将军曾预言过，前苏联要造出原子弹至少需要 20 年。这个预言是有一定的依据的。因为自从 1938 年底，德国科学家哈恩和斯特拉曼用中子轰击铀，发生了裂变之后，美国、英国、法国和逃到美国的德国科学家，经过了 7 年的艰苦努力，才造出了第一颗原子弹。为此美国动用了 50 万人，花费了 23 亿美元。这样巨大的开支对于刚刚在战争中恢复过来的前苏联，显然是难以承受的。

虽然前苏联科学家的聪明才智是不容否认的，但使前苏联的核弹试验成功节约大量时间和资金的原因，是否应该归于从日本那里得到的一颗原子弹呢？而且美苏的对抗不也正是从核弹的成功爆炸而开始的吗？

失踪的第三颗原子弹到底给这个世界带来了什么？

不平静的棺材

18 世纪末,在太平洋的巴贝多斯岛上,有一个以种植业发了大财的沃尔龙德家族。这个家族在岛上的基督城,兴建了一个巨大的家族坟墓,进口处用一块巨大的大理石封闭。从外表看起来,不像个坟墓,倒像个堡垒。

这个家族只有一个名叫高大德的太太于 1897 年葬入此墓。

1899 年,蔡斯家族买下了负债累累的沃尔龙德家族的这块墓地,并于 1918 年和 1922 年分别安葬了蔡斯家的两个女儿。

然而,1932 年第二次开墓安葬死去的两个女儿的父亲托马斯·蔡斯时,怪事发生了:两个女儿的铜棺竟然头朝下倒立在那里,但周围没有盗墓的迹象。

1961 年为安葬族里的一名男子再度开墓,发现要 8 个人才能扛得起的托马斯的棺材,靠着墓穴的一面墙竖立着。从此,怪墓的消息不胫而走。

8 个星期后,另一场葬礼又将举行,全岛甚至附近岛上的居民们都拥到现场看热闹。他们没有失望,石墓的大理石封门没有开启或撬动的痕迹。但打开墓穴后,蔡斯家的四副棺木依旧竖直放在那里。

20 世纪 70 年代,巴贝多斯岛的两任总督之一的库勃莫尔为了破除这个谜团,于 1979 年亲自监督工人将棺材放好。大理石墓门用石膏封好后打盖封印。1980 年 4 月,他接到报告着说墓中传出声音,便随即到墓地去看个究竟。

封印和石膏完好如初,但打开墓室后,看到棺木横七竖八,凌乱不堪。

经过若干次的仔细踏勘察之后,并没有找到答案。科学家们分析,无论仇家报复,自然灾害乃至地震,都不可能导致石棺有这种神奇地移动。

但是,墓内棺材的数次移动确实引起很多人的恐慌。

1982 年,墓中的棺材被移至别的地方。

从此,石墓恢复了平静。

黄金神秘失踪案

公元 1886 年 5 月 4 日这天，澳大利亚的麦尔邦港里大大小小的各种船只穿梭往来，显得一片繁忙。只见一艘叫做"格兰特将军"号的船扯起风帆，慢慢地驶出了港口，朝着茫茫的大海深处驶去。

这艘"格兰特将军"号船上有一些旅客，还装载着黄金、皮革、羊毛和一些别的货物。它要经过新西兰的南部岛屿，开往英国的首都伦敦。

"格兰特将军"号在海上飞快地航行着。天气非常晴朗，海面上的风浪也不怎么大，真是一帆风顺呀！所以，在 5 月 13 日的时候，它就已经接近了新西兰南部一个叫奥克兰的岛屿。

这时候，天色慢慢地黑了下来，风也越刮越小了。"格兰特将军"号的船长命令舵手放慢了速度，朝着奥克兰岛缓缓地开了过去。

到了半夜的时候，"格兰特将军"号的船长命令舵手把船的速度放得更慢了，然后，他就干别的事情去了。整个海面上显得特别安静，只有船桅上的绳索发出一阵阵轻轻的声响。

"格兰特将军"号又往前航行了一段路程。这时候，一个负责瞭望的水手对值班的大副说："报告大副，奥克兰岛就在眼前了。"大副抬起头仔细一看，船果然就要到达奥克兰岛了。于是，他传下命令，对舵手说："改变航向，绕过奥克兰岛，继续前进！"舵手接到命令，立刻转舵。没想到，船却还是停留在原来的航向上，根本没动地方。舵手感到特别奇怪，赶紧一连转了几次舵柄。可是，船还是没动。这是怎么回事儿呢？原来，"格兰特将军"号已经陷到了强流当中。舵手正在惊奇的时候，忽然觉得船只被强流连推带拉飞快地朝着奥克兰岛冲了过去。船长发现情况不好，急忙赶了过来，他和所有的水手们心里非常清楚，"格兰特将军"号已经陷入了特别危险的境地，如果再不改变航向，就会撞到奥克兰岛上。船长和水手们急忙帮助舵手使出浑身的力气来转动舵柄。但是，不管他们怎么奋力想使船只脱离险境，都不起作用。

最后，只听"轰隆"一声巨响，"格兰特将军"号终于撞到了奥兰克岛的石壁上，船舵"咔嚓"一声就被折断了。

这时候，"格兰特将军"号上的旅客们正在安稳地睡着觉，被这突如其来的声响一下惊醒了。他们一个个睡眼惺忪，穿着睡衣就急急忙忙跑到了甲板上。旅客们揉揉眼睛仔细一看，立刻被眼前的情景吓呆了。只见"格兰特将军"号正在强烈的海流当中"滴溜滴溜"不停地打着转儿。忽然，又冲过来一股海流。冲击着船转了一个大圈以后，就朝着岛屿的另一处石壁撞了过去。更可怕的是，人们发现那个石壁上隐隐约约出现了一个黑乎乎的大海洞。那个大海洞正在张着黑乎乎的大嘴，好像要把整个"格兰特将军"号吞进去。

水手们看到那个黑乎乎的大海洞，虽然吓得两条腿一个劲儿地发软，可他们毕竟是水手，还在做着最后的努力，来挽救"格兰特将军"号，挽救船上的旅客们，也在挽救他们自己。

海流还在猛烈地冲击着"格兰特将军"号，"格兰特将军"号最后身不由己地被冲进了那个巨大的黑洞当中，前桅杆"咔嚓"一声撞到了石壁上折成了两截儿，又"轰隆"一声倒了下来，"啪"地一下砸在了甲板上，人们感到顿时天昏地暗，耳朵里只有那汹涌海水的吼叫声，吓得浑身哆嗦，乱成一团。他们再往周围一看，黑茫茫一片，什么也看不见，只能坐在杂乱的甲板上等待着天亮。

几个小时以后，黎明的曙光终于露了出来，天终于亮了。船长借着黎明的光线一看，"格兰特将军"号正在大海洞的洞口里边，船的桅杆紧紧地顶在海洞洞口的上部。看样子，如果不是桅杆顶在洞口上，整个船只早就被吞进去了。

现在应该怎么办呢？船长想了想，决定用救生船先把旅客们弄下船，送到岛屿上去。于是，他命令三个水手，放下了救生船。旅客们下到救生船上，划到了海洞的外边。

谁知道，正在这个时候，海水开始涨潮了，汹涌的浪潮猛烈地冲击着"格兰特将军"号，发出一阵阵吓人的声响。工夫不大，"格兰特将军"号的船底就被浪潮巨大的力量冲撞出了一个大窟窿，海水顿时"咕嘟咕嘟"地涌进了船舱。"格兰特将军"号开始慢慢下沉了。

船上的旅客们看到这种情景，吓得不知道怎么办才好了，那些身体强壮的男人纷纷跳进海里想逃生。可是，那个黑乎乎的大海洞好像有一股巨大的吸引力一样，一下就把那些人吸进了海洞里。只有四个侥幸的人逃到了洞外的救生船上。

这时，"格兰特将军"号上没有跳船的人，大都是一些妇女、儿童和体弱的人，大约有40人。船长赶紧叫水手们放下一艘长艇，带着他们快逃命。没想到，水手们刚刚把长艇划出洞外，迎面涌来一阵汹涌的海浪。结果，长艇被海浪"哗"地一下打入了海底，长艇上的人们几乎全都没有了性命，只有一个叫大卫·阿斯渥斯的旅客和两个水手紧逃慢逃才逃到了洞外的救生船上。

海浪还在无情地冲击着"格兰特将军"号，海水还在不停地涌进船舱。最后，它终于慢慢地沉入了深不可测的海洞当中，船长和船上的人们都不见了踪影……

那些逃到救生船上的人们眼睁睁地看着"格兰特将军"号沉入了海洞，心里感到又惊又怕。大副先让大家镇静下来，然后想了想说："这附近有一个小岛，叫做失望岛。现在，咱们只能到那儿去啦。"别的水手一听，也想起了那个小岛，就说："好，咱们就到那个失望岛去吧。"于是，大副和水手们拿起船桨，划起救生船，带着那些幸存的旅客，朝着失望岛划去。

5月16日，大副和水手们来到了失望岛。岛上荒无人烟。

大副看了看这个荒凉的小岛，又看了看大家，然后清点了一下人数。现在，他们一共有九个水手和五个旅客。大副对大家说道："朋友们，这就是失望岛。它位于赤道以南，冬天很快就要来临了。咱们也许要在这里度过几个月的日子。"水手和旅客们知道自己的处境，就对大副说："大副！咱们现在只能团结一心，才能战胜困难。你有什么吩咐，就说吧！"大副点了点头，接着说："好！冬天很快就要到了，所以咱们现在必须寻找过冬的东西。"说完，大副、水手和旅客们立刻分头行动了起来。

大副在失望岛上转了一圈，看到岛上生活着许多海豹，心里非常高兴，因为海豹的肉可以用来充饥，海豹的皮可以披在身体上或者搭成棚子挡住冬天的寒冷。于是，大副连忙和水手们打来一些海豹，动手宰杀起来……

冬天很快到了，失望岛上的生活越来越困难了。人们只能靠着海豹的肉来填饱肚子，披着海豹的皮，缩在用海豹皮搭成的棚子里，艰难地熬着漫长的时光。人们盼望着春天的来临，盼望着茫茫的海面上能够出现过往的船只。

春天终于来到了，天气逐渐暖和起来，人们每天都站在失望岛的最高处，眼巴巴地盯着海面。可是，他们盼了一天又一天，海面上连一只船的影子也没有。

到了夏天，人们实在等不及了。大副苦苦地想了好几天，最后终于下定决心，到新西兰去搬救兵。他把自己的想法说出来以后，大家想了想，觉得现在什么办法也没有了，只好这么干了。这天，大副带着三个水手，登上救生船，告别了大家，朝着新西兰的方向划去。

自从大副几个人走了以后，人们又开始天天都盼望大副他们早一天回来。可是，大副他们这一走，不知道碰到了什么样的灾祸，反正是再也没有回来。大家的希望又落空了。

日子艰难地过了一天又一天……

第二年春天，有一天，人们忽视发现远方的海面上出现了两艘船。他们顿时兴奋起来，一边扯着嗓门高声呼喊，一边不停地挥舞着手里的海豹皮。可是，那两艘船离失望岛太远了，船上的人们根本发现不了他们，慢慢地开走了。失望岛上的人们望着那越来越远的船只，一下瘫倒在地上，谁也不说话，只是失望地看着那水天一色的海面……

不知道过了多长时间，有一个水手站起身来，看了看大家说："朋友们，别泄气！这回咱们没有成功，原因是海面上的船只离咱们太远了。咱们得想想办法呀！"在他的鼓励下，大家四处寻找，用木头做了一只小船。

过了些日子，海面上又出现了一艘船。这时候，失望岛上的人们已经把小船做成了。两个水手急忙登上小船，拼命地朝着那艘船划了过去。其他人拼命地喊叫，不停地挥舞着手里的海豹皮……

就这样，那艘船上的人终于发现了失望岛上的人们，失望岛上的人们终于得救了，终于结束了两年的孤独艰难的生活。

这些人得救以后，"格兰特将军"号沉船的消息很快地传播开来了。那些沉入海底的黄金立刻吸引了好多敢于冒险的人，他们组成一个个探险队，怀着发财的梦想，陆陆续续朝着贝克兰群岛开了过来。

公元 1890 年 3 月 26 日，那个从大海洞里死里逃生的旅客大卫·阿斯渥斯，也带着一艘名字叫做"达芬"号的船到了奥克兰群岛。这艘船上有一个船长和四个水手。有一天，大卫·阿斯渥斯看看海面上风平浪静，就对船长说："今天是个难得的好天气，咱们是不是现在就出发呀？"听他这么一说，船长赶紧说道："好吧，立刻出发，到那个大海洞去！"

船长、四个水手和大卫·阿斯渥斯驾驶着"达芬"号，一边朝着那个大海洞前进，心里一边美滋滋地想："啊，这要是能把那些沉入海洞的黄金找到，就可以一下发大财呀，这一辈子也就可以尽情地享受了。"不过，发财的美梦不是好做的，他们从此就一去不返了。其他到奥克兰群岛那个大海洞寻找黄金的探险队的船只，也都一艘艘地失踪了。

那么，这些寻找"格兰特将军号"沉船上黄金的船只和人们，到底又发生了什么事呢？这些问题，谁也不知道。探险队当中倒是有几个人活着回来了。可是，这几个人说，他们根本就没有发现什么"格兰特将军号"，甚至连传说中的大海洞也没有看见。

这又是怎么回事儿呢？难道说，大海为了保住自己的秘密，把奥克兰群岛的那个大海洞藏起来了吗？谁也说不清楚，也许这又是一个永远也解不开的谜……

无人驾驶的"白云号"

1983 年夏季，有一天的下午，委内瑞拉一艘叫做"马拉开宝号"的货轮正在大西洋的海面上航行着。忽然，一个船员发现前边不远有一艘轮船，它在海面上随着海浪任意地漂荡，好像不知道要航行到什么地方去一样。这是怎么回事儿呢？

那个船员赶紧把这个情况告诉了船长。船长想了想，立刻命令向那艘轮船靠拢。船员们急忙加大马力，朝着那艘轮船开了过去。等到他们来到那艘轮船的旁边，发现它的船身上写着"白云"，原来它叫"白云号"，也是一艘货船。看样子，"白云号"的载重量大约有 2300 多吨。

船长让船员们开着"马拉开宝号"货船围着"白云号"绕了一圈，只见它的上边没有挂旗子，看不出来是哪个国家的船只，而且船的甲板上看不见一个人影。船长的心里更加纳闷了："哎，这艘轮船上的人都到什么地方去了，是不是他们遇到什么危险了？对，还是赶紧到船上去看一看吧。"想到这儿，船长和几个船员爬上了"白云号"。

他们爬上"白云号"，仔细一看：船上的救生艇不见了，甲板上乱七八糟地扔了好几双鞋子。船长对手下的船员说："你们分别到厨房、船舱、驾驶室去看一看，有什么情况马上向我报告！"船员们答应一声，赶紧分头去了。

工夫不大，船员们陆续回来告诉船长："报告船长，这船上已经没有一个人了，厨房里的衣物全都发霉，船上还有 500 箱炮弹。"船长一听，心里感到更加奇怪了："走，带我去看看！"船长走入船舱，船长越看越感到奇怪：无线电台的转钮转到了应急的频道上，这说明"白云号"一定是碰到了什么特别危险和紧急的情况；船上的救生艇不见了，甲板到处都是扔弃的鞋子，就是说船上的人们已经跑到救生艇逃命去了。那么，这艘船到底遇上了什么样的危险和紧急情况，船员们才惊慌张张地逃走了用呢？

后来，船长和他的船员们琢磨了半天，觉得：这艘"白云号"货船是一艘运送军火的货船，它一定是不知道在什么地方受到了损害，使得船上烧起了大火。后来，船上的大火又自己熄灭了。可是，船员们当时以为这场大火会很快地蔓延起来，大火要是引起炮弹爆炸，那整个船都会被炸得粉碎，船上的人一个也别想活命。所以，他们就急忙跳上救生艇逃走了。

"马拉开宝号"船长看了看眼前的这艘"白云号"，向船员们说："咱们再对它好好地搜寻搜寻，也许还会发现一些有价值的东西。"船员们觉得船长的话很有道理，就又在"白云号"船上搜寻了起来。

找着找着，有一个船员发现了一本航海日志，赶紧交给了船长。船长打开仔细一看，只见那上面记录着："白云号"最后停泊的地方是非洲西北部加利群岛的拉斯帕马斯港。等到"马拉开宝号"的船员们发现它，它已经在海面上漂流了整整 62 天，大约漂流了 18000 海里。

这么一来，"马拉开宝号"船长和船员们更加奇怪啦："白云号"漂流了整整 62 天，也就是两个多月的时间呀。那为什么没有人查问它的下落呢？大家你看看我，我瞧瞧你，谁也弄不明白……

这件奇怪的事情很快就到处传开了。人们听到这个消息以后，不禁想起了历史上发生过的好几件这样的难解之谜。

公元 1855 年 2 月 28 日，英国一艘叫"马拉顿号"的三桅帆船，正在北大西洋上航行，准备到美国去。走着走着，他们碰到了美国的一艘三桅帆船，名字叫"杜瑞姆斯·切斯莱尔号"。只见这艘船的风帆已经落下了，随着风浪慢慢地漂荡着。船上也没有一个人，船体没有一个地方受到损害，船上的货物一点儿没动，船上的淡水和食物也特别充足，船上根本看不到一点儿搏斗的痕迹，但船上却没有一张航海图和一个罗盘。看样子，是船上的人们在逃走的时候，把航海图和罗盘全都拿走了。

那么，美国的这艘三桅帆船碰到了什么样的危险呢？它的船员们为什么一定要逃离呢？船员们又是怎么逃走的呢？谁也弄不明白。

英国"马拉顿号"的船长决定把美国的这艘"杜瑞姆斯·切斯莱尔号"三桅帆船拖到美国去，交给美国人。这样，也许能搞清楚这里边的原因。

可是，当英国"马拉顿号"的船员们把美国的那艘三桅帆船拖到纽约以后，向人们一打听，那船上的船员们根本就没有回来。而且，在世界的其他地方，人们也没有发现这些船员。

公元 1873 年 12 月 4 日，英国的"德·格雷布号"双桅帆船在大西洋亚速尔群岛东部海面上航行的时候，发现了一艘叫"圣·玛丽娅号"的帆船。那艘船没有受到一点儿损害，船舱里还好好地放着大量的粮食，水缸里盛满了淡水。不过，船上也是没有一个人。

公元 1880 年，人们在美国罗德文兰州组波特市附近的海面上，发现了一艘叫"西贝尔德号"的帆船。那船上的情景跟前边说的那些船只一样，船上一切完好无损，船长室里还摆放着丰盛的早餐，船上却一个人影也没有。

1881 年 12 月 12 日，美国一艘叫"爱伦·奥斯汀号"的机帆船在北大西洋的海面上，也发现一艘随风漂泊的帆船。船上边有食物，有淡水，有水果，还有啤酒，就是没有一个人。

人们回想起这些往事，再看看眼前的这艘"白云号"货船，不禁要问：世界上为什么会有这么多奇怪的没有人驾驶的漂船呢？

有的人说，这些没有人驾驶的漂船在航行当中，肯定是碰到了龙卷风，要不就是碰到了海啸。船员们在这些灾难面前吓得不知道怎么办才好，只能离开船只，坐着救生艇逃走了。可是，龙卷风和海啸实在是太凶猛，把救生艇打翻了，船员们全都被掀进了波涛汹涌的大海里，最后没有了性命。

看起来，这种说法有一定的道理。不过，有的人不同意这种说法。他们觉得，在广阔的海洋里边，不管是龙卷风，还是海啸，都没有那么大的破坏力。有的时候，甚至感觉不到海面上正在刮着龙卷风或者什么海啸。所以，这些船上的船员们根本就不会有什么害怕，更不用说有什么惊慌失措，下船逃命了。再说，海面上产生龙卷风，要有一定的条件。那些没有人驾驶的漂泊船所处的海面上，不太可能产生龙卷风。

有的人说，这些没有人驾驶的漂船，也许是遇到了次声波。次声波是由于风暴和强风作用，在波浪表面上发生波峰部的波流断裂的一种现象。次声波是一种人们的耳朵听不到的声波。可是，次声波的频率低于 20 赫兹，在传播的过程里边能量衰减得很小，所以传播得比

较远。科学家们认为，强大的次声波会使人们惊慌失措，特别难受。船员们如果碰到次声波，也许忍受不了这种折磨，最后就跳船逃命去了。

不过，人们的这种说法只是一种猜想，一直到现在也没有发现由于次声波造成没有人驾驶的漂船的确切例证。

还有的人说，这些没有人驾驶的漂船是不是碰到海洋怪兽了呢？海洋怪兽把船上的人们吓得慌里慌张地逃走了。只是这种说法没有什么科学依据，所以不太能说服人。

那么，到底是什么原因才造成了没有人驾驶的漂船呢？一直到如今也没有找到正确答案，也就成了一个难解之谜。

"大西国"的神秘传说

千百年来,一个古老而神秘的"大西国"的传说,像幽灵一样,在地中海、大西洋西岸乃至世界回荡着。它牵动多少人一次又一次地去大洋深处寻觅它的踪迹,它吸引了多少人写出成千上万本书来论证它的兴衰。它是当今世界留在海底最大的谜!

古希腊著名哲学家柏拉图(公元前427～前347年)幼年的时候,博学多识的祖父曾经给他讲了"大西国"的故事。柏拉图长大之后,为了验证这个故事的可靠性,专程漂洋过海,前往文明古国埃及,访问了德高望重的僧侣,得到了肯定的答复。柏拉图就把这个故事,写在他的《克里齐》和《乞麦牙》等著作中。

故事说,在1.2万年以前,地球上有一座非常非常大的亚特兰提岛,岛上有10个国家,其中面积最大、人口最多、文明最发达、国力最强盛的国家的国王叫"大西",因此,他的国家也叫"大西国",而大西国周围的海洋叫大西洋。

大西国是个富庶的地方,这里土地肥沃,气候湿润,植物丰茂。除了作为主食的谷物外,还生长着各种水果,有葡萄、橘子、苹果、柠檬、樱桃等,还有各种奇花异草,家禽牲畜也不胜枚数。这里矿产富饶,城墙镶满铜和锡,庙宇镀着金和银。道路宽广,运河纵横,贸易兴旺发达,人民安居乐业。大西国兵多将广,骁勇善战。

依仗着强盛的力量,大西王欲征服周围的国家,常率兵征战。为了吞并埃及和希腊,大约在九千年前,大西王又率兵东征。他的统治从利比亚扩张到埃及,又从埃及扩张到第勒尼安。当他率兵进攻希腊时,却遭到了顽强的抵抗,后被希腊人打败。但大西王不甘心,想重整旗鼓,再与希腊人决战。就在这时,发生了突如其来的强烈地震和洪水,大西国也急速地沉入海中,荡然无存了。

柏拉图描绘的故事，给青少年带来了巨大的诱惑，也给科学家留下了千古之谜。还在古时候，许多人就不遗余力地去寻找这个神秘的国土，但是谁也没有找到什么证据。人们开始怀疑了，甚至柏拉图的学生、人们熟悉的大哲学家亚里士多德也认为这是个虚构的故事。

过了300年，希腊人直拉托尔偶然发现了一块石碑，石碑上刻着铭文和功像，讲到了大西国的事情。大西国的幽灵又出现了。斯特拉邦在公元前写的《自然地理》，老普里尼在公元前79年写的《自然史》，都论证了大西国曾经是存在的。自然地理学家马尔克耳在公元5世纪蛮有把握地写道：在大西洋里有7个难以攀登的岛屿，岛上的居民都还记得那个奇妙的国家——大西国。

16世纪，意大利学者弗拉卡斯特罗挑起论战，指出：美洲的印第安人会不会是大西国人的后裔呢？哥伦布发现的新大陆会不会是大西国未被淹没的土地呢？

此后，大批地理学家、地质学家、考古学家、神学家、探险家和旅行家等等，蜂拥投身到寻找大西国的行列，力求第一个发现大西国。直到今天，人们也没放弃这种努力。因此，社会上流行着关于大西国的种种假说。有的说大西国沉在黑海底，有的说大西国沉在爱琴海底，还有的说大西国在大西洋，甚至还有的提出，大西国在北极、在非洲……

进入20世纪60年代以来，人们利用先进的观测手段，在大洋底发现了"石路"、"石墙"、"金字塔"等东西。人们自然把这些发现同大西国联系在一起。

1967年，一位名叫罗伯特·布鲁斯的飞机驾驶员，驾机在美国迈阿密东面的巴哈马群岛大礁群上空飞行时，发现在安德罗斯群岛以北水域几米深的水下，有一片依稀可见的方形阴影区，分布很有规律。布鲁斯猜测，这可能是人类的原始建筑。他便驾机在这里盘旋，一边观察，一边拍照。

不久，他将这些照片送到水下摄影家、俄籍法国人季米特里·雷比科夫那里鉴别。雷比科夫说，在那个海区，他也发现了一片400米见方的阴影区。他带着布鲁斯的照片去找他的朋友——美国迈阿密科学馆的芒松·瓦朗迪纳教授，他们决定赶赴现场进行考察。

他们乘飞机来到安德罗斯群岛上空，很快找到了那片方形阴影区。为了弄清楚阴影的真相，他们又改乘装有水下自动摄影机的潜水器进行实地考察。第一次考察持续了几个月，发现阴影区里有一堵宽 30 厘米的残墙和一座 30 米长、25 米宽的建筑物根基。在 1968 年 9 月 2 日的一次考察中，他们还发现一块边长 5 米，厚约 0.5～1.5 米的方形石板，重约 25 吨。石板似乎是用一种水泥一样的东西粘在一起。人们把这一引人注目的石板称为"比米尼墙"。季米特里·雷比科夫说："这堵墙的侧面陡直，墙的表面水平度较好，很容易使人想到远古时代大西国建筑物的一部分。"

外界对这一发现议论纷纷，英国的《自然》杂志刊登的文章认为，那是一堵"自然产生的墙"。一些考古学家认为，石板的来源完全是个谜。但合众国际社的电讯稿支持这一发现。

这项考察继续进行着。1971 年，在东西墙下挖出一个沟，又发现了一条新的石层，下面有 6 厘米厚的连接物，石板的内面有一道痕迹，后来鉴定是人类工具的划痕。考古学家们感到惊奇的是，在漫长的岁月里它能经受住急流骇浪的冲击，说明当时的建筑工艺相当精细。后来，又进行了一次考察，发现上层石板由 4 根柱石支撑着。因此，考古学家进一步确认，这是人类的建筑物，科学家推论这是大西国的遗址。

生物学家、人类学家、地质学家和考古学家提供的证据告诉我们，从亚速尔群岛到百慕大群岛，有许多迹象表明，这里曾有陆地沉入海洋。扬马延群岛、冰岛、亚速尔群岛、佛得角群岛、阿森松岛和特里斯坦（达库尼亚群岛？雪构成了原大陆的东岸，长岛海峡（美国）、安德罗斯群岛一直到大伊纳瓜岛，形成了消失大陆的西岸。显然，这仅是一个大致的轮廓，要在进一步的实地考察和研究后才能加以确定。但人们认为，有一点似乎是清楚的：大西国的绝大部分陆地沉没在百慕大海底。后来，还有一些发现，似乎为这一认识提供了证据。

1977 年 4 月，法新社宣布，在百慕大洋底 900 米深处，发现一座金字塔。这一消息令人震惊。科学界认为这是电视台在"愚人节"开的玩笑。但后来，查尔斯·伯里兹的著作《失踪》，再次证明了这次发现。他介绍道：这座金字塔 140 米高，180 米见方，塔尖离水面 700 米。这项奇迹的发现者是唐·亨利船长，他利用小渔船上装备的鱼群探测仪找到了这座金字塔。

1979 年，美国和法国的科学家，采用现代化的电子仪器，又一次探险，考察了百慕大三角区，发现了又一座海底金字塔。这座金字塔高 200 米，塔底边长 300 米，塔顶距海面 100 米，比埃及的金字塔大多了。而且这座塔的塔身有两个巨大的洞穴，惊涛急流从中流过。这些海底金字塔是不是大西国人的杰作呢？有人认为，大西国曾经讨伐过埃及，并把文明播种此地。埃及的金字塔是不是来自大西国？看来这又是一个谜。

1985 年，两名挪威海员在大西洋打捞沉船时，意外地在百慕大三角区的一个海底平原上，发现了一座方形的古城。他俩用水下摄影机拍下了这一古城的全貌：街道、墙壁……他俩断定："这儿就是大西国，和柏拉图描绘的大西国一模一样。"

1985 年 10 月 19 日，在哥斯达黎加首都圣何塞举行的"人类奥秘百年研究"国际大会上，美国考古学家、《百慕大三角》一书的作者查尔斯·柏利茨，向 500 余名与会者宣读了他用一生中大部分精力考察沉没大陆的新成果，并放映了他在百慕大三角区拍摄的幻灯片。银幕上出现了用大块方石砌成的城墙、道路等种种古建筑。

类似的发现，还可以举出一些。但也有人对这类发现持怀疑态度。有人认为，这些"城墙"不像是人工砌成的，而更像是"岩墙"，即火山喷发后炽热的岩浆突然和冷水相遇，经骤冷凝结而成的。但是，岩浆能否凝结成方形的石板、石块、石墙，尚无充分证据。

前苏联的科学家认为，大约在 1 万～1.2 万年前，由于火山喷发形成了一个巨大的岛屿。后来，由于出现了无数断裂和缝隙，这个岛屿又崩塌毁掉了。于是，海底就留下了这些神秘的"城墙遗址"。这些城墙为什么会出现人工砌成的直角形状呢？科学试验表明，如果一块由坚硬的材料制成的板块，在强力挤压下，当压力超过材料的承受极限时，板块就会顺着强力挤压的方向形成 45 度角的断裂痕。这就是形成"城墙遗址"的原因。

总而言之，对于有无大西国、大西国的位置、是什么原因使大西国沉没的等等，至今仍是个谜。人类有朝一日解开了这些谜底，将是弄清世界远古历史的一次革命。

能让时间停止的神秘隧道

现代科学认为：在茫茫的宇宙当中。存在着一个巨大的时间隧道，如果人们一旦进入时间隧道，就会丢失时间，在生命史上出现一段漫长的空白。中国有句古话叫做："洞中方七日，世上已千年"，实际上说的就是这种事情。

在我国历史上的魏晋南北朝时期，有个叫刘义庆的人，他曾经写过一部书叫《幽明录》，那里边记载着这样一个有趣的故事：

东汉时期，有两个以采集草药为生的人，一个叫刘晨，一个叫阮肇。他们经常到天台山上去采集草药。天台山在浙江省天台县城的北部，是我国佛教天台宗的发源地。天台山群峰争秀，峻峭多姿，飞瀑流泉，洁白如练，景色十分秀丽。

有一天，刘晨和阮肇又来到天台山采集草药。两人对这里比较熟悉，没想到走着走着竟然迷路了，急得不知道怎么才好。正在他们急得团团乱转的时候，忽然发现身边的一条小溪里漂下来一片树叶，树叶旁边有一个杯子，杯子里装着一些米饭。刘晨说："哎，这杯子里有米饭，就说明这里一定离有人家的地方不远了。"阮肇也高兴地说："是呀！咱们要是顺着溪水往前走，肯定能够找到人家，也就能找到道路，走出天台山了。好，咱们快走吧！"说着，两人就顺着小溪一直朝前边走去了。刘晨和阮肇走呀走，翻过一道山岭，小溪变成了一条大溪。两人再抬头往周围一看，只见前边的溪水旁站着两个姑娘。刘晨和阮肇顿时愣住了，哎呀，眼前的这两个姑娘长得太漂亮了，简直就像天上的仙女一样。两人正在愣呆呆地看着两个姑娘，当中的一个姑娘笑着说道："刘郎，阮郎！你们怎么刚来呀？我们都等你们好长时间了。"另一个姑娘摆了摆手，笑着说："你们还愣着什么，跟我们回家吧。"刘晨和阮肇听了，心里感到特别纳闷："哎！她们怎么会知道我们姓什么？怎么说已经等了我们好长时间了？还说让我们跟她们回家？奇怪呀，这是怎么回事儿呢？"可是，两人又一想："咳！别管那么多了，反正我们已经迷了路，就跟着她们回家吧。再说，她们也不像是什么坏人！"想到这儿，刘晨和阮肇就乖乖地跟在两个姑娘的身后，往前边走去。

走出不远，前头出现了一个山洞，山洞旁边有几间房屋。两个姑娘笑着说道："刘郎，阮郎，到家了，你们请进吧。"刘晨和阮肇走进去一看，房屋里边的摆设特别精致，还有好几个丫环。两个姑娘一摆手："快！摆上酒宴。"丫环们赶紧端上来鲜桃、美酒，还有各种各样好吃的东西。接着，两个姑娘端起酒杯说："刘郎，阮郎，请吧！"刘晨和阮肇在山里转悠了半天，肚子早就饿得"咕咕"乱叫了，看到两个姑娘这么热情，就痛痛快快地吃喝了起来……

后来，刘晨、阮肇和这两个姑娘相亲相爱，结成了两对十分幸福的夫妻。

日子过得真快，很快就过去了一年多的时间。有一天，刘晨和阮肇想起了家里的父母和亲人，特别想回家去看一看。两个姑娘哪里舍得离开亲爱的丈夫，可丈夫想念父母亲人的心情也应该理解呀。于是，两个姑娘为刘晨和阮肇送行，送了一程又一程，最后在那条大溪边上，含着眼泪分手了。

没想到，刘晨和阮肇回到家里一看，完全惊呆了。原来，他们的父母和亲人早就不在人世了，家乡的模样和道路全都认不出来了，村里的人也没有一个认识的，而且人们穿的衣服也不一样了。村子里的人们看见他们，也感到特别新奇。刘晨和阮肇仔细一打听才知道，这世界已经过去快 1000 多年了。

这到底是怎么回事儿呢？刘晨和阮肇根本说不清楚，村子里的人们更感到纳闷……

现在，浙江省天台县的那座天台山上，有个天台八景之一的"桃源春晓"，那里有个桃源洞，山洞旁边有两座石峰叫双女峰，传说那就是刘晨和阮肇遇到仙女的地方。桃源洞外七里多远的宝相村附近有一条溪水，叫做"惆怅溪"。相传这里就是刘晨和阮肇与两个仙女含泪分别的地方。

刘晨和阮肇遇到仙女的故事发生在古代，人们说不清楚到底是怎么回事儿，只好把它当作神话传说流传了下来。可是，人类历史发展到近代，也曾经发生过这样的事情，使人感到特别迷惑。

公元 1893 年 10 月 25 日，两个西班牙籍的士兵正在菲律宾总督府大门口站岗。突然，这两个士兵感觉到一阵迷糊，就不知不觉地睡着了。

第二天早晨，这两个士兵醒来一看，哎，这周围的景物怎么全都改变了？大街上来来往往的人不是菲律宾人，而是墨西哥人了？两人再仔细一看，他们站的地方也不是菲律宾的总督府，而是墨西哥政府大厦。两个士兵正想找人问问发生了什么事情，一下被好多墨西哥人团团围住，非常好奇地看着他们，一个劲儿地向他们问这问那。两个士兵连说带比划，把事情的经过一说，墨西哥人不禁哈哈大笑起来，有个人说："哈哈！这两个家伙不是骗子，就是从精神病医院跑出来的病人。来来来，咱们把这两个家伙拉到教会里去，好好地问一问吧！"说着，墨西哥人连拉带扯，七手八脚地把这两个士兵弄到了教会。

这两个士兵到了教会，还在向人们解释着："我们昨天晚上真的是在菲律宾总督府门前站岗来着，不知道怎么就到了这里。我们不是骗子，也不是精神病人呀！"没想到，教会里的人们听了，也不相信他们说的话。最后，两个士兵叹了口气说："咳！不管我们说什么，你们都不相信。告诉你们吧，前天夜里，菲律宾总督被人用斧子砍杀了。你们好好地打听打听，有没有这件事情，到时候你们就知道我们说的是不是真话了！"

那时候，邮政通讯还比较落后。过了两个多月，正好有一艘轮船从菲律宾航行到这里。墨西哥人赶紧跑去询问船上的船员们："哎，菲律宾总督是不是在两个月以前被人用斧子砍杀了？"没想到，船员们奇怪地说："是呀！两个多月以前，是发生过这件事。哎，你们是怎么知道的？"

这样，墨西哥人才相信了那两个士兵的话。不过，大家的心里感到特别纳闷："哎呀！那两个士兵怎么在一夜之间，就从菲律宾跑到我们墨西哥来了呢？这到底是怎么回事呢？"

1955年，美国的一架飞机从美国的诺福克飞往墨西哥的坦皮科机场。飞着飞着，这架飞机就跟地面指挥部失去了联系。后来，人们经过好多次的寻找，也没有找着这架飞机。可是，35年以后，这架飞机却好好地到达了墨西哥的坦皮科机场。

机场上的人们看见这架飞机，立刻团团地把它围住了。飞行员还穿着50年代的服装，而现在已是90年代了。

这架飞机上的飞行员不管怎么盘问，一口咬定："现在就是1955年嘛，我们只是完成了一次例行飞行罢了。"后来，人们经过调查，这架飞机就是

1955 年，派往墨西哥坦皮科机场中途失踪的飞机。人们又找来飞行员的照片一看，这飞行员的模样跟 1955 年时的一样，根本没有一点儿变化。

这一件件离奇的事情，到底是怎么回事呢？现代科学认为，在宇宙当中存在着一个巨大的"时间隧道"，时间隧道里的时间运动方式，和我们人类感知的完全不一样。有时候，它是极度静止的，有时候却是高速行动的。人类一旦进入时间隧道，就会丢失了时间，在生命史上出现一段漫长的空白。

有的科学家认为，时间隧道实际上就是宇宙当中存在的"反物质世界"。现在，人们对宇宙的了解实际上还不多，只是了解正物质所处的范围，而宇宙当中还存在着反物质组成的体系。当正物质和反物质接近到一定程度，产生的压力就会把它们再分开。人们的这种神秘的失踪是正、反两大物质体系产生引力场局部弯曲时产生的"速灭"现象。而当"速灭"现象消失以后，引力场又恢复了原来的状态，失踪的人也就出现了。

这种说法看起来有些道理，可好多科学家不同意这种说法，他们认为"速灭"可能解释神秘失踪现象，但是"速灭"只能使万物永远失去，而不能再现。

那么，到底应该怎么解释"时间隧道"这个谜团呢？怎么才能搞清楚那些离奇的失踪后再现的事情呢？看起来，目前只能是一个不解之谜，要等待人类经过长时间的探索才能加以解释了。

加加林的神秘之死

在红场克里姆林宫墙下，安葬着人类第一个宇航员尤里·阿列克赛耶维奇·加加林和他的同伴谢烈金。

在他们飞机撞地的地方，矗立着一座高大的纪念碑。碑前摆满了鲜花，每天都有很多人来到这里，他们敬慕加加林，这位人类征服太空的优秀战士。

加加林这一光辉的名字，在世界人们的脑中都是那么清晰，人们不难想象他在宇宙飞船中自由自在的样子。

然而，就是这样一位优秀的宇航员，在飞船里安然无恙，却在飞机上丧了命。

从 1968 年 3 月初开始，加加林又恢复了训练，开始作新的单飞。按计划，从 3 月 13 日到 5 月 22 日，他将乘米格－15 歼击教练机飞行 18 次，总共 7 个多小时。

3 月 27 日，加加林要绕圈飞行两次，每次 30 分钟。9 点 15 分，他和谢烈金开始了飞行前的准备工作，主要是由谢烈金进行，并由他在加加林的飞行日志上签字同意。

飞行准备工作完全按照现有技术操作规程的要求进行。他们接过飞机起飞技术准备报告，又仔细地检查了飞机，并在飞机准备程度簿上签了字。

然后，加加林坐进了驾驶舱前排，谢烈金坐在他后面。10 点 19 分，飞机升向空中。

飞机越飞越高，最后在两层云带空域里飞行，已经看不到地平线了，到 10 点 30 分，加加林把空域作业情况报告飞行指挥，请示准许取航向 320 度返航。加加林平稳地驾着机，准备从 70 度航向向 320 度航向下降转变。

飞机飞出低层云，航迹倾斜角已达到 70～90 度，飞机几乎是垂直俯冲向下坠，离地面只有 300 米了，在仅 2 秒钟的时间内，两位飞行员仍保持高度的镇定，一点不惊慌，他们密切配合，力图使飞机退出俯冲状态但没能成功。

那时是 10 点 31 分，无线电通讯中断后的 1 分钟，事故就发生了。

这一飞机出事的原因，在当时曾由政府成立了事故调查委员会专门调查。

事故发生之后，飞机坠毁的现场立即被有关方面封锁，马上组织人员拍照测量，收集所有零碎的飞机部件进行研究，还设立了科技鉴定专家小组。

对这一事故，政府和各界人士非常重视。人们则又痛惜又惊讶。

随着调查结果的一样样出现，调查飞行员训练、组织、飞行安全和飞行准备情况后，表明一切都是按照要求严格进行的，调查航空技术装备的可靠性及正确操纵情况的结论是——飞机上的设备没有受到任何毁坏，也没有在飞行时出现什么故障，飞机没有发生起火，也没有发生爆炸，防火系统飞行时没有使用，飞机上的电路畅通，氧气系统完好无损，发动机在与地面相撞时仍在工作，飞机是在与地面相撞时毁坏的，没有发现零件和结构元件陈旧磨损的痕迹。

米格－15 歼击教练机性能是优越的，航空技术装备没有任何麻烦！

到底是什么原因呢？是不是有人蓄意谋害？

医学专家详细分析了加加林遇难前一二分钟的谈话录音，对谈话频谱曲线进行研究，并弄清了在飞机撞击地面时的姿势，多方面检查了飞行员的遗体，他为什么没有试图从飞机中弹射出来？

结果证实，加加林在死前没有中毒、催眠等因素发现，在死前一分钟他仍完全处于正常的状态。

根据各种数据精确测算，他的死亡时间是 10 时 31 分，也就在飞机撞地时。

人们期待着调查委员会找出出事的原因，而在一段紧张的调查报告后，随着时间的流逝，人们谈兴的淡化，这一事件仿佛也不了了之了，3 月 27 日飞机撞地仍是一个谜。

而事实上，调查委员会已找到了原因：加加林在最后一段飞行中没能使飞机摆脱俯冲状态，结果飞机坠毁。但当时，为维护加加林的声誉，再则也还不能解释确切原因，因而一直没有公开。

多年以后，当人们似乎已经淡忘了这一事件之后，它的结果却又被透露了出来，这不由又引起人们一番惊讶和议论。

而加加林的死，毕竟已成为历史。

寻找失落的印加宝藏

在辽阔的南美大陆上，有一条宛如奔腾咆哮的巨蟒般的大河，昼夜不息地以磅礴汹涌之势，扑入大海的怀抱。这条世界上流量最大的河流，就是亚马逊河。从400多年前西班牙航海家平松首次发现开始，这条波澜壮阔的大河，以及它所孕育的280万平方公里莽莽林海，便以其变幻莫测的面容，神秘诱人的传说，吸引了一批又一批的冒险家。其中最为探险者关注的，莫过于亚马逊丛林中印加帝国的宝藏了。

印加人是南美洲印第安人的一支。15世纪中叶，印加逐渐强大起来，建立了一个以秘鲁为中心，辖地达80多万平方公里的美洲第一大"帝国"。在印加首都库斯科，有用黄金和宝石装饰成的宏伟的太阳神庙，有金碧辉煌的"黄金花园"……在印第安人的传说中，印加帝国便是一个金子的国度。

1511年的一天，当西班牙冒险家巴尔沃亚狂喜地数着从当地印第安人中得到的金子时，一位年迈的酋长走上前来惊奇地说："这就是你们远离家乡、冒着生命危险所追求的东西吗？我可以告诉你们，有一个地方的人民，他们吃喝用的器皿全是金制的。在那个国家，到处都是金子。"这位酋长向巴尔沃亚遥指的方向，正是那广袤无垠的亚马逊丛林。为了追寻这神话般的国度——印加帝国，贪婪的西班牙冒险家们从此便发狂地一批批涌入了这莽莽密林。然而，等待他们的是热带丛林中毒蛇猛兽的袭击，野蛮的食人部落的埋伏。在这丛林中每前进一步，都充满了恐惧与死亡。正当西班牙殖民者望而却步的时候，一场大耗元气的印加帝国内战给他们提供了可乘之机。在得到这消息后，1532年9月，西班牙殖民者皮萨罗率领160多名士兵，越过海拔3500多米险峻的安第斯山脉，进入了这个欧洲人从未到过的国度。在未遇任何抵抗的情况下，皮萨罗进入了印加北部重镇卡沙马尔卡。狡猾的皮萨罗设计伏击并俘虏了印加王阿塔瓦尔帕，然后向他勒索巨额赎金，要求印加人拿出能填满关押阿塔瓦尔帕屋子的黄金和白银。为了赎回自己的领袖，黄金、白银不分昼夜地运向卡沙马尔卡。殖民者所勒索的数目很快就达到了。印加人总共付出了 13265 磅的黄金，26000 磅的白银，如此空前巨大的数额，令西班牙殖民者狂喜不已。这么一支小规模的军队，却获得了如此巨额的战利品，可以说在世界历史上是绝无仅有的。然而，勒索的愿望虽然满足了，皮萨罗却背信弃义地决定依旧杀害这最后的一位印加王子。当阿塔瓦尔帕走上绞架之时，他向着印加人世代崇拜的太阳之神，向着神秘浩渺的亚马逊丛林，对刽子手们发出了可怕的诅咒。诅咒果然应验了，这些双手沾满了血腥与罪恶的强盗，最终都没有落到好下场。他们从印加人民那儿掠夺的大量金银，因分赃不均而引起了激烈内讧。侵略者内部展开了为期几年的野蛮冲突，结果几乎所有的首领，包括皮萨罗的伙伴阿尔马格罗，皮萨罗的 4 个兄弟以及他本人，都被杀死或囚禁。那批数额惊人的印加财宝，也最终不知下落。

关于皮萨罗所勒索的这批巨额黄金的下落，还有人传说，当时皮萨罗并未能拿走它。这些黄金随着阿塔瓦尔帕的尸体一起，被印加人夺回后藏了起来。藏宝的地点，据说就在今天厄瓜多尔利安加纳蒂的山中。许多寻宝者冒着性命危险进入利安加纳蒂地区探寻这批宝藏的下落，但在这沼泽密布，毒蛇野兽横行的地方，无数寻宝者进去了就再也没能出来。1989 年，一支由法国人丹尼尔·斯赫率领的探险队，在西班牙人类学家赫尔·戈麦斯的协助指导下，再次进入亚马逊丛林，他们仍未找到这批神秘的印加宝藏。

在亚马逊丛林中另一处令世人关心的印加宝藏，便是传说中的印加"黄金湖"。据传古代印加王的加冕仪式都要先在继承人身上涂满金粉，然后，国王再在湖中洗去金粉，臣民们纷纷把自己最珍贵的黄金、宝石献于国王的脚前。这位新国王把所有的这一切都投到湖中，祭献给至尊的太阳神……如此世代积累的珍宝，在黄金湖中会有多少呢？从 16 世纪西班牙征服印加帝国后，对黄金湖的寻找和打捞就一直未曾中断。最后，人们确定今天哥伦比亚的瓜达维达湖便是传说中的黄金湖。1545 年，一支西班牙探险队在较浅的湖水中捞起了几百件黄

金制品，这一收获证实了黄金湖的传说，也愈加吸引了更多的寻宝者。但是对湖中深处宝藏的打捞，却一直未能获得成功。1911年，一家英国公司想抽干湖水以求宝藏，结果花费了巨额资金，最后仍归于失败。1974年，为保证湖中宝藏不落入外人之手，哥伦比亚政府下令禁止在湖中打捞，并派军队封锁了该湖。神秘的黄金湖珍宝便成了一个不可接近的谜了。

传说中的印加宝藏还不仅是这两处，但是，无论这笔财富如何巨大与诱人，面对着浩渺恐怖的亚马逊丛林，冒险家都不禁感到有些心悸与无奈，只好"望林兴叹"了。难道正如当地土人所说：这些古老的珍宝上，附着死去的印加人的魂灵，它们在这密林中牢牢看守着这些宝藏，不让世人发现吗？人们期待着终有一天能解开这个谜团。

20 世纪的瘟疫

截至 1991 年 9 月 30 日，世界卫生组织根据各国官方提供的统计数字表明，全世界已有 163 个国家和地区报告发现了艾滋病人，患者人数达 41 万多。据世界卫生组织的专家们估计，全世界艾滋病实际患者已达 110 万。到 20 世纪末，将增长 3 ~ 4 倍，约 400 万。

1986 年中期，世界卫生组织决定将艾滋病病毒定名为"人体免疫缺损病毒"，英文缩写为 HIV。艾滋病即由 HIV 潜伏性和作用缓慢的病毒引起的疾病，英文缩写为 AIDS。中文音译为艾滋病或爱滋病。1988 年，世界卫生组织为了唤起世界各国共同对付这种人类历史迄今出现的最厉害的病毒，定每年 12 月 1 日为"世界艾滋病日"。

最早将艾滋病从病患者体内的淋巴结里分离出艾滋病病毒的，是法国巴斯德研究所的吕卡·蒙塔尼埃研究组，时间是 1983 年 5 月。按通常说法，这是人类首次发现了艾滋病病毒。1984 年 4 月，美国国家癌症研究所的罗伯特·盖罗研究组，也从美国艾滋病患者的病毒分离物感染的一个 T 细胞培养系列中，分离出艾滋病病毒。这是医学界在研究艾滋病中取得的重大突破性成果。从此之后，艾滋病越来越广为人知。但是，现今被确认有案可查的第一个艾滋病人，是英国曼彻斯特的一位水手。1959 年，这位 25 岁的水手患了一种怪病，皮肤疼痛难忍，体温持高不降，肺部严重感染，体重日趋减轻。该水手住进医院后，不久便死去。医生对患者的怪病产生了种种怀疑，进行尸体解剖后，发现患者肺部因卡氏肺囊虫和细胞巨变病毒的双重感染而布满了小孔。由于当时医学上还没认识到艾滋病的存在，有关医生只是将解剖结果发表在医学杂志上，并在曼彻斯特医院里保留了患者的部分内脏。直到 1983 年，法国医学界发布艾滋病病毒的研究成果之后，一直怀有疑问的曼彻斯特大学的病毒学专家，对当年保留下来的水手的肾脏、脾脏等进行检查，终于发现了艾滋病的特征，从而推断出早在 20 世纪 50 年代中期，该患者已感染了艾滋病病毒。证明最迟在当时，西方一些国家已存在艾滋病病人。有关专家、学者经过十来年的研究后，更认为最早的艾滋病病毒类型的出现，应在50～150年前。此后，病毒开始了遗传上的突飞猛进。约经过100年的演变，才成为今天这种凶悍无比的艾滋病病毒。目前，西方社会对艾滋病的快速蔓延和患者极高的死亡率引起极大恐慌，人们谈"艾"色变，有的将其称为"20世纪的瘟疫"。

但是，这种被认为人类有史以来，最凶悍的病毒究竟来自何方？起初人们发现艾滋病患者多是同性恋者，患者尤其是以美国一些大城市中的同性恋团体成员居多。因此得出，由于同性恋者的性生活是违背自然的，是病态性的，造成的性混乱引发了人们预想不到的病变，产生了艾滋病。可是，经过许多学者的研究后，发现就其西方国家来说，早在古希腊罗马时代就已存在同性恋问题，而在东方国家的古代社会里，也同样存在这一问题，如果因同性恋导致艾滋病的产生，那么必定在古代就流行了，为何在当代才传播开呢？从而得出，同性恋并非艾滋病的起源，但却是艾滋病传播的危险性渠道。

就目前来说，人们在研究艾滋病起源时，主要提出了以下几种不同看法。

其一是"外空传入地球"的假说。有两位英国科学家曾提出过这一看法，认为艾滋病病毒可能早在外空中存在，但因千百年来缺乏传播媒介，所以人类一直没感染上。后来由于一颗飞逝的彗星撞击了地球，将这种可怕的病毒带到地球来，祸害了人类。

其二是"猴子传给人类"的假说。科学家经过研究后发现，在猴子身上存在与人类艾滋病患者相同的病毒，被发现的猴子生活在非洲。科学家们在追踪艾滋病传播范围中发现，艾滋病在非洲的流传比在美洲和欧洲更早，也更快。据一些专家估计，携带艾滋病病毒者，可能高达非洲中部城市人口的10%。在80年代，扎伊尔的金沙萨市在对千份血液样本加以检验后，发现其中6%～7%带有艾滋病病毒。赞比亚首都卢萨卡也作过一次广泛性的调查，发现18%的输血者带有艾滋病病毒，在赞比亚1987年间便约有6000名儿童接受艾滋病治疗。而非洲某些地区5%的新生婴儿都带有艾滋病病毒，其中一半至2/3的人在两年内会演变成艾滋病。中部非洲大湖地区正流行艾滋病时，法国一位研究人员偶然了解到当地有些居民有以下生活习俗：将公猴血和母猴血分别注入男人和女人的大腿和后背等，以刺激性欲。有些居民还用这种方法治疗不孕症和阳痿等病。研究者们从血液接触可以感染上艾滋病病毒，以及中非地区高发病率与奇特生活习俗等方面联系起来，假定艾滋病病毒是猴子传染给人类的。但是中非部分居民的奇特生活习俗的历史，无疑是长于艾滋病流行史。

其三是"人工制造"的说法。这是由新闻界披露出来的消息。20世纪80年代中期，坦桑尼亚政府报纸《每日新闻》发文，称艾滋病病毒是美国细菌战研究的产物。后来，英国一家素来以消息来源可靠著称的报纸刊载了英国反对活体解剖学会的看法。该学会成员声称：艾滋病是美国制造的一种细菌武器。

研究者首先在中非的绿猴身上作试验，后来转为在以减刑为条件自愿接受该病毒的一些服重刑的囚犯身上试验，囚犯中不少是同性恋者。他们被释放后，便把艾滋病带到社会上，并由各种途径传播开来。这是试验者和被试验者始料不及的后果。据说，这项原计划为生物战研究的试验，也因有关人员发现合成的病毒潜伏期过长，效果不够理想而放弃进一步的研究。这一消息见诸报纸之后，至今已被几十个国家和地区的报纸转载，引起各种各样的议论和猜测。美国有关方面否认这一说法。但一些非洲国家的传播媒介，将美国为全世界艾滋病最多的国家与此问题联系起来，持肯定态度。

目前对艾滋病的研究已取得许多重大成就，但它究竟怎么起源，至今各说其是，弄清艾滋病的来源无疑对人类的医学科学将有巨大的意义。

奥西里斯的神话

相传古埃及在很久很久以前，有一位本领超凡的法老，名叫奥西里斯。

奥西里斯教给人们种地、做面包、打井、酿酒、开矿的技能，使人们的生活水平大大提高，人们非常崇敬他。但奥西里斯的弟弟塞特对此十分妒忌，阴谋杀害哥哥，夺取王位。

某日，塞特请奥西里斯吃饭，找了很多人作陪。吃饭时，塞特指着一只漂亮的大箱子对大家说："谁能躺进箱子，这个箱子就送给谁。"奥西里斯在人们怂恿下躺进箱子一试，他完全没想到，自己刚一躺进箱子，箱子就被塞特关上，并加上大锁，被扔进尼罗河里去了。

奥西里斯遇害之后，他的妻子四处奔波，终于找回他的遗体。塞特知道此事，又偷去奥西里斯的尸体，剁成14块，分别扔在各处。奥西里斯的妻子又从各地找回了丈夫遗体的碎块，悄悄掩埋。

后来，奥西里斯的孩子长大成人，打败了塞特，为父亲报了仇，又把父亲的碎尸从各地挖出来，拼凑在一起，做成我们今天所见到的木乃伊。奥西里斯的遭遇感动了神，后来在神灵的帮助下，奥西里斯复活了。不过，他虽复活，但不能重返人世，而是留在阴间，做了阴间的法老，专门审判惩处坏人，保护好人。

这个传说的内容无非是为了表达惩恶扬善的主题，只是个神话而已。但埃及自上古时期就风行"木乃伊"葬俗，这倒是历史的真实。

据研究，受这个神话的启发，每一个法老死后，都要把奥西里斯的神话表演一番，首先举行寻尸仪式，随后举行洁身仪式，把死者遗体解剖开，把内脏和脑髓取出，然后将其浸入一种防腐液中，除掉油脂，泡掉表皮。待70天之后，再把尸体取出晾干，将各种香料填入体腔，外面涂上树胶，以防止尸体与空气接触，最后用布将尸体一层层裹扎起。这样，一具经久不腐的木乃伊就做成了。遗体安放之前，还要举行神秘而隆重的念咒仪式，为木乃伊开眼开鼻，把食物塞进它的嘴里。据说，这样它就能像活人一样呼吸、说话和吃饭了。最后举行安葬仪式，把木乃伊装入石棺，送入他永久的居住地——金字塔里。

如此处理尸体，未免显得过于残酷。如果不是认为这样可以防止尸体腐烂，待神灵降临之际，能够唤回死者灵魂与肉体的复活，古埃及人绝不会干这种蠢事的。

世界上许多民族都懂得尸体防腐术，这基于他们深信灵魂可以复活。那么，谁来使他们的遗体复苏呢？答案只有一个——神灵。然而，又是谁赋予他们这种超度死亡的转世观念？是古代某位法老突发奇想心血来潮的偶然想象，还是他们之中某位法老亲眼目睹神灵唤醒过某位死者而由此得到启发？

远古的事情的确难以料知。但在科技发达的今天，保存尸体和唤醒生命，办法很多。

低温冷冻可以保持生命的鲜活，并使之暂时进入一种休眠，细胞组织不仅可能复制生命，甚至还能源源不断地生产生命。科技的发展的确令人咋舌，20世纪初低温冷冻仅仅是一种幻想，如今它已被广泛地运用到精液冷冻、血液保鲜、人体器官移植等许多领域，而细胞组织运用的领域更为宽泛，从植物种苗的栽培一直到畜牧业的品种更新方面。

低温冷冻人体生命正在成为现实。美国苏联均已成功地冷冻并复苏了狗、鱼等生命。今天，细胞组培技术不仅成功运用在农林业和畜牧业上，给人类社会带来巨大的物质效益，而且在古生物和人体方面的试验，也日益接近突破的边界。

因此，当1963年美国俄克拉荷马大学的生物学家郑重宣布，故逝几千年裹于木乃伊之中的埃及公主美妮的皮肤细胞还有活力时，全世界都为之震惊。这也就是说运用现有的细胞组培技术，我们可以在不久的某天唤醒美妮公主。

因此看来，埃及法老们相信转世再生绝非荒诞不经的想法，只是我们对他们太缺乏了解。

因此，考古学家曾用激动不已、甚至战战兢兢的口吻告诉我们以下事实——

1954年，美国科学家在埃及萨卡拉地区，发现了一座从未被盗的坟墓，墓中的金银财宝依然完好，在黑暗中发光。妆科尼姆教授带领考古人员，正式撬开滑动的、但不可拆卸的石棺盖时，他们惊讶地发现，棺内空无一物。

难道，木乃伊长了翅膀飞起来了吗？

难道，安葬者把大批财宝放进修得富丽堂皇的陵寝时，突然忘了放进死者？

1955 年，在距蒙古共和国边界不远的地方，发现库尔干五世的坟墓。人们大为惊叹地发现，整个墓室堆满了长年不化的冰块，墓中所有的随葬物品均保持着完好状态。一对全身赤裸的男女安眠于冰块之中，宛似活人。

当你听到这些时，千万不要惊慌。因为在美洲安第斯山脉有冰坟，在西伯利亚有冰川坟，在北非和南非均发现过木乃伊。这些冰坟主人的身旁，放有珍宝和供来世所需的一切物品，所有这些坟墓都设计得精美异常，牢固难破，历千年风雨，依然坚如磐石。

不是把转世再生的希望寄托于神灵的帮助的民族，是不会如此认真地保存尸体的。

那么，这位"神灵"又是谁呢？

"诺亚方舟"消失之谜

《圣经》中的《创世纪》有一段传说：自从人类的始祖亚当和夏娃违反天规，被逐出伊甸乐园后，他们来到地面，一代又一代，人布满大地，但罪恶也充斥人间。上帝愤怒了："我要将所造之人和兽、飞鸟和昆虫都从地上除灭，因为我造他们后悔了。"那时，唯有一个叫诺亚的人，心地善良正直，特别受恩宠于上帝，所以上帝告诉他："在这块土地上，恶行太多了，我决心毁掉所有的人。不过只有你和善，我决定救助你和你的妻子以及你的孩子和他们的妻子。我要使洪水泛滥地上，毁灭天下。你要用木头造一只大船，完成之后，要把你的家族，还要把所有的动物分成雌雄7对，都放到方舟上去，一切准备妥善，我就让雨不停地下40个昼夜，毁掉地上所有的生物。"

诺亚照上帝的吩咐用木头造成了方舟。方舟长360米，宽23米，高13.6米，分为三层，有15万吨级那么巨大。方舟完全落成，诺亚一家、所有的动物分雌雄7组都转移到方舟上，不久，乌云密布、电闪雷鸣，灾难开始了。大渊的泉源裂开了，天上的窗户也敞开了，一连降了40昼夜的暴雨，上帝完成了他可怕的惩罚。罪恶消灭了，生命也毁灭了。大地茫茫一片，唯方舟在洪涛中不停地漂泊。据《圣经》记载，150天后，水势渐退，诺亚方舟停搁在亚拉腊山巅（今土耳其东部）。又过了40天，诺亚放出鸽子，鸽子叼回一枝橄榄叶，表明洪水已退。至今我们还把鸽子含橄榄叶的形象作为和平的象征。于是诺亚带着一切活物走出方舟，回到地面，重建家园。上帝告诫说："你们要生育繁殖，遍布大地，切不可作恶，凡流人血的，他的血也必被人所流……"

诺亚方舟的故事，是距今6000年左右的传说，不仅在《旧约全书》里有清楚记载，被称为世界最古老的图书馆——古代亚述首都尼尼威的文库中发掘出来的泥板文书上，也有着类似的洪水故事的记载。今天，知道诺亚方舟的故事的人——基督徒、犹太教徒和伊斯兰教徒——达15亿以上。除了基督教徒外，谁会相信这种离奇的神话？本来，故事应该到此结束了，但是1916年，俄国飞行员拉特米飞越亚拉腊山时，发现山头有一团青蓝色的东西，好奇心促使他飞回细看，他惊讶地看到了一艘房子般大的船，一侧还有门，其中一扇已毁坏。这个奇遇很快就报告了沙皇尼古拉二世。当时他命令组织一支探险队，由于十月革命爆发，这项计划告吹。其实，拉特米并不是第一位发现诺亚方舟的人。早在17世纪，荷兰人托依斯就写过一本《我找到诺亚方舟》的书，并附有方舟的插图。1800年，美国人胡威和于逊，1892年耶路撒冷代主教和当地土耳其牧人，都说他们看到了"方舟"。

亚拉腊山位于土耳其东端，靠近伊朗国境的地方，是座海拔5065米的死火山，山顶自古就被冰川覆盖着。传说山顶留有诺亚方舟，不过，住在这个地方的阿尔明尼亚人，把这座山尊崇为神圣的山，相信人若登上山顶会被上帝惩罚。长期以来，谁也没有爬过它。但这个谜最终还是得到了证明。1792年，一个叫弗利德里希·帕罗德的爱沙尼亚登山家，初次在亚拉腊山登顶成功。随后，在1850年，盖尔奇科上校率领的土耳其测量队也登上了顶峰。1876年，英国贵族詹姆斯·伯拉伊斯在圣山高约4500米的岩石地带，捡到了木片，并发表了他找到方舟残迹的消息。

二次大战后，一位土耳其飞行员拍了一张"方舟"照片。从此，"方舟"不再是人们口头的传闻，而是有了照片的实物。更令人吃惊的是：照片放大处理后，测出船身为150米长，50米宽，和传说中的方舟似近。1949年，美国的阿仑·史密斯博士组织了亚拉腊山远征队，以探寻诺亚方舟为目标，可是未能达到目的。1952年，法国的琼·多·利克极地探险家又组织了探查队，并成功地登上了亚拉腊山顶，然而关于诺亚方舟，则什么也没有发现。可是，当时的一个叫琼·费尔南·纳瓦拉的队员却思忖："一定在亚拉腊山的什么地方，残留有诺亚方舟，我要用双眼清楚证实它。"他下定决心，在1953年7月，他带了11岁的小儿子拉法埃尔，试图第三次登上亚拉腊山峰顶。正是两人死心塌地的念头，终于发现了诺亚方舟残片，他们从冰川中挖出了它的一部分，带回了一块木板。这块古木板后来寄送到西班牙、法国、埃及等国家的研究所，进行了科学的研究。其结果证明，这是一块经过特殊防腐涂料处理过的木板。经碳14测定它至少有4484年的历史，正是所传"方舟"建造的年代。人们惊呆了，又有照片，又有实物，费尔南坚信自己发现的就是

"诺亚方舟"。后来，他根据这些探查结果，写了一本书名叫《我发现了诺亚方舟》，于1956年出版。他还在全世界到处举行报告会，引起了强烈反响。

但有人提出了质疑：即使发生特大洪水，地球水位也不会升到5000米的高度，方舟何以能在亚拉腊山巅？难道是地壳变动？美国人C.J卡佐和S.D斯各特认为：

就算发生过诺亚时期的大洪水，即5000年前被几英里深的大水蹂躏过，那么，今天地球表面会成什么样子呢？就连最高的山也会显出流水侵蚀的痕迹。但实际上并非如此。此外，1.2万年前冰封的地区，总该有被水改变过的迹象，可它们依然如故。不管海拔多少，那些外露的冰川断层仍保持原始状态。

从科学观点来看，历史上有人见过诺亚方舟的说法是无说服力的。如果方舟在5000年前终于搁置在亚拉腊山的山顶附近，那它很可能早就被冰川运动转移到了较低的高地。方舟至少在某种程度上已支离破碎，木头撒遍了亚拉腊山的较低山坡。就我们所知，从来也没人找到过这样大宗的木头，更不用说方舟的残骸了。

人们所提供的"方舟"照片，显然都是模糊不清的，并且需要丰富的想象力，以便从点缀山峰及其附近斜坡上的许多形状相似的天然轮廓中辨认出这巨形方舟。说到纳瓦拉找到的"方舟"木头，从3个不同实验室得出的若干龄期值表明其龄期介于1250~1700年，年代太近，因而不符合"方舟说"。

可以设想出5000年前在美索不达米亚地区发生的一场大洪水，诺亚家族

预见到当地的江河有泛滥之征兆。于是他们造了一只船，贮藏了足够的物资，出于自然的冲动，给牲畜留出了舱位。那场洪水使生命财产损失巨大。数天之后，那只船搁浅在某一高地或丘陵上。随着时间的消逝，这件大事的传说就作为家喻户晓的诺亚方舟故事而留传了下来。卡佐和斯各特的看法有一定的科学性。

最令人震动的消息还是近年的事。美国学者戴维在亚拉腊山以南的乌兹恩吉利

附近的穆萨山顶上发现了一艘大船，这个村庄与史书上所说的尼塞村位于同一地点。该船船头呈洋葱状，船身长 164 米，长度基本上和《圣经》上记载的诺亚方舟相符。1989 年 9 月 15 日，两名美国人乘直升机飞越亚拉腊山西南麓上空时，发现了诺亚方舟，并拍摄了照片。驾驶员查克·阿伦说，在亚拉腊山的一处通常由冰川覆盖的、海拔 4400 米的地方，发现了一只方舟形物体，而那处地方的冰川因该地区高温天气而消退了。阿伦说："我百分之百地确信，这是方舟。"他和同伴计划 1990 年 6 月攀登这个地段，届时将派出一个由包括地质学家和考古学家，共 20 人组成的考察队。目前，至少有 3 个美国小队在搜寻这艘诺亚方舟，重点放在亚拉腊山的西南麓。然而，土耳其地质学家们说，那只是一块经过数千年风化侵蚀而形成的顽石而已。不管怎样，答案总有一天会出现的，那时就可以解释《圣经》故事的真相。人类的探险如真的发现了诺亚方舟，才称得上是 21 世纪的发现，是奇迹中的奇迹。

死亡谷地

考古学家始自 1922 年的发掘表明，约 5000 年前的印度河流域，曾有一座繁华的城市突然在瞬间被摧毁了。它的遗址被命名为"摩亭佐达罗"，这在印度语中即是"死亡谷地"的意思。但不少学者都以为不如称它"核死丘"更适宜些。

持续多年的发掘，使掩埋在厚厚土层下的史前文明古城废墟重见天日。在这里，考察人员找到了此地发生过多次猛烈爆炸的证据。爆炸中心 1 平方公里半径内所有建筑物都成了粉。距中心较远处，发现了许多人骨架。从骨架摆放的姿势可以看出，死亡的灾难是突然降临的，人们对此毫无察觉。这些骨骼中都奇怪地含有足以与广岛、长崎核袭击死难者相比的辐射线含量。不仅如此，研究者们还惊奇地发现：这座古城焚烧后的瓦砾场，看上去极像原子弹爆炸后的广岛和长崎，地面上还残留着遭受冲击波和核辐射的痕迹。

联系到古印度诗《摩诃婆罗多》对 5000 年前史实的生动描述，后人对"核死丘"的遭遇，也就可以领悟一二了：

"空中响起轰鸣，接着是一道闪电、南边天空一股火柱冲天而起，比太阳耀眼的火光把天割成两半……房屋、街道及一切生物，都被这突如其来的天火烧毁了……"

"这是一枚弹丸，却拥有整个宇宙的威力，一股赤热的烟雾与火焰，明亮如一千颗太阳，缓缓升起，光彩夺目……"

"可怕的灼热使动物倒毙，河水沸腾，鱼类等统统烫死，死亡者烧得如焚焦的树干，……毛发和指甲脱落了。盘旋的鸟儿在空中被灼死，食物受染中毒……"

难怪美国"原子弹之父"奥本海默认为这部印度古代叙事诗中，记载的分明是史前人类遭受核袭击的情形。

考古学家在西亚伊拉克境内的幼发拉底河谷地，也曾发现过类似南亚

"核死丘"的遗迹。考古学家在这里一层层地挖下去，发现了约 8000 年的史前文明。在最底下的一层，挖出了类似熔合玻璃的东西。科学家最初并不知道这是什么东西，直到后来美国在内华达州核试爆场，留下了与这种完全相同的熔合玻璃的遗物。而这种"核熔玻璃"，人们已在恒河上游、德肯原始森林里以及撒哈拉沙漠、蒙古戈壁滩等地陆续发现了好多。在这些地方都分布着一些焦地废墟。有的废墟大块大块的岩石被粘合在一起，表面凸凹不平，有的城墙被晶化，光滑似玻璃，连建筑物内的石制家具表层也被玻璃化了。而造成岩石熔化需要达 2000 摄氏度左右的高温，自然界中的火山喷发或森林大火均不能产生达到这种高温的热能，唯有原子弹爆炸才能提供如此条件。

但是也有人不同意上述说法。前苏联一些科学家认为，莫亨朱达罗的毁灭，应从大自然自身找原因。他们认定这是"黑闪电"（球状闪电）作孽。前苏联公共和环境卫生研究所实验室主任、化学博士 M·德米特里耶夫对这种神奇的自然现象进行了多年研究，积累了上万种"黑闪电"的描述及其对人类造成灾害的许多事例：小至击毁电器和伤害人畜（它能把人烧得无影无踪），大至毁坏建筑物和引起森林火灾。这些恶果常被说成是外星人所为。

那么，"黑闪电"究竟是什么东西呢？据他们分析，它实际上是大气中经过太阳辐射宇宙射线和电场作用后形成的活泼化学物质，如臭氧、氧化氮、羰基化合物、碳氢化合物，等等。这些物质能够浓缩，蕴藏着巨大的能量，不仅能燃烧发光，而且在大量积聚时极易发生猛烈爆炸，产生 1 万～1.5 万摄氏度的高温。它们还能散发出有毒气体，置人于死地。不过它们在寒冷状态中能长时间不释放能量和发光，不能轻易看见，"黑闪电"即因此而得名。"黑闪电"的种类很多，各种"黑闪电"能同时存在于自然界，轻者在空气中自由飘荡，当密度增大变重时，便降落地面，常常放出耀眼的光芒。它能长期附在地表甚至深入土层，而且在无雷雨的晴天也能光顾，因此严格说来，它并不是我们平常理解的那种闪电，用避雷针也不能制止它肆虐。

从古代一些岩画判断，人类在 5000 年前，就已发现"黑闪电"。世界许多国家的文献都有记载。其中下列两次记载颇有特色：

1910 年 9 月 21 日，美国纽约有上百万居民在 3 小时内看到城市上空飘过几百个发光物（"黑闪电"）。

1984 年 9 月的一天晚上，在俄罗斯联邦乌德穆尔特自治共和国萨拉普尔地区，人们忽然发现星空明亮起来，原来是许许多多白得耀眼的球状物从高空撒落。它们不是垂直落下，而是旋转着，曲折而缓慢地飘到地面。顿时地上明亮如同白昼，20公里外的集体农庄庄员都看到了这一奇观。当地有些输电网变压器被破坏。

1983年8月12日，墨西哥一个天文台抢拍了第一张"黑闪电"照片，迄今这样的照片已有几百张。从照片看，它像是一个线团。

按照科学家的分析和想象，莫亨朱达罗居民是首先被短时间内大量积聚的"黑闪电"放出的毒气夺去生命的（正因为如此，他们的遗骨没有留下受撞击的痕迹），接着，城市上空发生极其猛烈的爆炸，产生巨大的冲击波和1万多度的高温，房屋全被摧毁，死者被掩埋，地面的石头被溶化，其威力和破坏程度不亚于一次大量的热核爆炸。经过计算，莫亨朱达罗发生惨祸时，其上空可能有2000~3000个直径为20~30厘米的"黑闪电"。

莫亨朱达罗的爆炸并非绝无仅有的一次，在文献资料中可找到几十次类似事件。

关于莫亨朱达罗从地球消灭的原因，上面只提到两种看法，孰是孰非，一时难以定论，也许以后会有另外更令人信服的解释。

图坦卡蒙的咒语

在古代埃及，只有神灵代表法老，才能有权力发布咒语，据说这种咒语具有神奇的魔力。"图坦卡蒙的咒语"，一则镌刻在法老墓室外的一块其貌不扬的陶瓷碑上，是象形文字："谁扰乱了这位法老的安宁，死神将展翅在他头上降临"。另一则绘在主墓的一尊神像背面："我是图坦卡蒙陵墓的保卫者，是我用沙漠之火驱赶那些盗墓贼"。令人不安的是图坦卡蒙的咒语似乎从远古的阴影中扩散开来。

图坦卡蒙咒语的第一位牺牲者是英国人卡纳冯爵士。他是 1923 年 4 月 15 日凌晨 1 点 50 分，在一次全开罗停电事故中死去的。距图坦卡蒙陵墓发掘不到 20 个星期。死因是面颊上的一个肿块。当卡纳冯进入图坦卡蒙陵墓的入口时，突然被什么东西叮蜇了一下，顿时左边面颊上一阵疼痛难熬，而且没有消肿的迹象。几天后，卡纳冯小心翼翼地刮脸，特别当心避开那肿块，不料手中的刮胡刀却不听使唤，一失手切进了肿块。正是这个微不足道的创伤，导致了难以治愈的败血症。卡纳冯发着 40℃ 以上的高烧，住进了开罗的一家医院。他浑身颤抖着，大多数的时间是昏迷不醒，偶尔醒过来，就发出惊叫声，而昏睡的时候则喃喃呓语："唉！图坦卡蒙……"，"唉！法老国王……"，"唉！原谅我……"看得出，他忍受着难言的痛苦。

4 月 15 日凌晨，值班护士突然听见卡纳冯大声叫喊道："我完了！我完了！我已经听见召唤了……"未等护士赶到他身边，全医院突然停电了，变得漆黑一团。5 分钟之后，当电灯重放光明时，人们奔到卡纳冯的床前，只见他极为恐慌地瞪大眼睛，半张着嘴，已经断气了。之后，电力公司对这次全开罗突然停电和一会儿又来电，提不出合理的解释。

停电的 5 分钟，卡纳冯的病房里发生了什么事？卡纳冯临死前撞见了什么东西？没有留下任何痕迹。只是他被伦敦那个预言家说中了，他再也无法踏上伦敦的土地，孤身一人命归黄泉。奇怪的是，当后来用 X 光检查图坦卡蒙的木乃伊时，发现在他的左脸颊上有一个伤痕，无论形状还是大小，甚至部位也完全和卡纳冯被某种东西噬蜇的肿块一模一样。

卡纳冯之死，不过是一连串死亡事件的开始。神秘的死亡一个接着一个，从开罗到伦敦，从安卡拉到开普敦，然后是第三件，第四件……大大小小的报刊竞相报道这一件件神秘的死亡事件。被死亡的翅膀接触过的人数迅速递增。

卡纳冯死后不过 6 个月，他的同父异母弟弟奥布里·赫巴德上校患精神分裂症，继而自杀身亡。据说，这位上校过去从未发现患有这种病。

不久，在开罗那家医院里护理过卡纳冯的护士也突然不明不白地死去。

被英国考古学家卡特请来帮忙挖掘法老陵墓的美国考古学家梅西，莫名其妙地昏迷不醒，死于卡纳冯住过的同一个旅馆里。

由卡特陪同参观图坦卡蒙墓的一位名叫戈德的美国人，参观完毕次日便发高烧，傍晚即亡，检查不出死因。另一位叫乌尔的英国实业家参观陵墓后，乘船回国途中，也死于高烧。南非一个富豪参观图坦卡蒙陵墓挖掘现场后，从游艇跌落进风平浪静的尼罗河淹死。

第一个解开图坦卡蒙裹尸布，并给他用 X 光透视的亚齐伯尔特·理德教授，在拍了几张照片之后，突发高烧，身体忽然变得极度虚弱，不得不回到伦敦，不久便一命呜呼。

3 年之后，卡特在挖掘图坦卡蒙陵墓时的得力助手，52 岁的亚博·麦斯不幸去世。1929 年，卡特的另一个助手理查·范尔猝然死亡，年仅 45 岁。

此外，亲手接触过图坦卡蒙金面具的道格拉斯·李德博士，第一个在法老哈里姆哈伯的墓室附近发现刻有图坦卡蒙及其王后姓名陶器的人（正是这一发现为找到图坦卡蒙陵墓提供了主要线索），以及参加过挖掘、调查的学者、专家，在不长的时间内纷纷神秘死亡。

最怪诞的是，1929 年的一天清晨，卡纳冯的遗孀伊丽莎白夫人长辞人世。据报道，她也是被虫子叮蜇而死的，叮蜇的部位也在左脸颊，与 6 年前死去的丈夫一模一样。

卡特幸免于难，活到 65 岁，平静地辞世而去，但死神的阴影却降临在他家属的头上。据说，这种复仇的办法比直接让他一个人死更可怕。图坦卡蒙对卡特的诅咒更为残酷。卡特的爱女伊布琳·怀特曾与父亲一起踏进图坦卡蒙陵墓，得了忧郁症。卡特眼看着爱女郁闷忧愁，逐日消沉，无法自拔，他肝肠寸断，却一筹莫展，其内心的痛苦是可想而知的。怀特在卡特死后不久留下一封谜一般的遗书："我再也无法忍受诅咒了。"然后上吊身亡。这种死法在西方国家是异常罕见的，引起轩然大波。

据不完全统计，从1923年4月到1929年为止，至少有22个直接或间接与发掘图坦卡蒙陵墓有关的人先后逝世，其中13人曾参与挖掘工作。以后，至少有35名学者、专家成了图坦卡蒙咒语的牺牲品。

40多年平安过去了。突然，又发生了一起新的死亡事件。这次被图坦卡蒙的咒语诅咒的是一个埃及人。

1972年的一天，开罗博物馆馆长加麦尔·梅兹菲博士坐在开罗一家旅馆的游泳池旁，与一个名叫菲利甫·范登堡的德国作家，谈起法老的咒语。

梅兹菲说："生活中常有些奇怪的现象，至今仍找不到解释。"

范登堡问："那么说来，你是不是相信法老的咒语了？"

梅兹菲沉吟片刻，说道："倘若你把这些神秘的死亡事件统统加在一起，很可能会对这些咒语深信不疑，尤其是在古埃及的典籍中，类似这样的咒语可以说是俯拾皆是。"他苦笑了一下，接着说："我不信这个邪。我一辈子与法老的陵墓和木乃伊打交道，你瞧，我不是活得挺好吗？"

谁知，一个星期之内，52岁的梅兹菲不明不白地一命呜呼了。

据说，深深收藏在开罗博物馆地下室里的图坦卡蒙的木乃伊和陪葬品在显灵，死神的阴影还在蔓延。一位作家打算撰写一部有关图坦卡蒙咒语的小说，刚开始动笔就突然莫名其妙地死去。有人将图坦卡蒙咒语的传奇搬上银幕，也发生了意外的可怕事件，吓得女主角拒演、导演逃之夭夭。

发生在法老陵墓里的奇怪现象，远不止上述这些。据说，有一位记者在墓室内待了一会儿，出来后就一病不起。一群学生进入金字塔后，像遭电击一般，中邪死去。一些游客进塔后，倒在地上大叫道"救命！救命！我要出去。"有的当场倒毙。

法老的咒语究竟是什么？果真会"显灵"吗？谜底在哪里？在古埃及的典籍里，法老咒语"显灵"的记载比比皆是，而它之所以神秘，是在一些死亡事件上，往往笼罩着令人毛骨悚然的恐怖气氛，对此科学家、学者众说纷纭。

开罗大学生物系教授阿扎丁·塔哈在 1962 年 11 月 3 日的记招待会上，宣称他找到了法老咒语的秘密。他说，那些接受过他的身体检查的考古学家和工作人员只是在陵墓中感染细菌得病去世的，因为那些是在陵墓中生存了三四千年的细菌，所以让现代医学有些措手不及，这位教授的观点得到了很多科学家的赞同。

但不幸的是，记者招待会后不久，塔哈在从开罗到苏伊士的公路上，发生车祸而去世。尸体解剖证明是心脏病突发，而许多人联想到法老的咒语。

联邦德国格平根的研究人员，在电子显微镜下发现一种杀人真菌。一旦墓被锯开，真菌就会粘在挖墓人的身上，通过人的器官侵入，引起一种致命的癌症。

埃及的法老中不乏毒物专家，第一王朝的第一位国王美那，就是种植毒作物的能手。法老用毒物来保护陵寝也更实际。毒物也不一定是从口而入，也可以通过皮肤接触到。比如法老陵墓的壁画就用含有砒霜等剧毒的颜料。普通的毒药在光、空气和阳光的作用下，毒性几年内就会消失，不过剧毒可以维持几百年，若放在密不透风的墓穴里，则维持时间更长，但会不会几千年聚集不散呢？

放射物质说或超能量物质说：科学家们认为陵墓本身或是陵墓附近有放射性物质的存在，比如说铀矿。埃及中部发现的含铀矿石，也可以证明这些说法。或是法老陪葬的物品有放射性的物品，或是一种现代人未知的能量，致人死于非命。

种种说法都未能揭开"法老咒语"的真正秘密。

关于泰坦尼克号的咒语

    1912 年 3 月，当时英国一家叫白星的海运公司投资建造了世界最大最豪华的一艘客船——"铁达尼号"（即"泰坦尼克号"），这船泊位 46328 吨，排水量达 66000 吨，是当时世界上唯一超过载重量 4 万吨级的客轮。船长 259 米，最大宽度为 28 米，舵重超过 100 吨，一共有 3 只桨。中间的船桨最大，重 22 吨，两侧共有 40 吨重，3 只船桨叶长均超过 7 米。

    船的内部有 16 个防水室，是利用水密室建成的。这种水密室可以利用电气或人力，将浸水的危险程度降到最低限度。换句话说，在这 16 个防水室中，如果有 1～2 个浸水，那么，巨轮将依旧安然无恙。

    铁达尼号上有超水准的世界级豪华舞厅、酒吧、吸烟室、游戏场、舞厅、游泳池等等，设备极为奢靡华丽。客舱里有高级豪华吊灯，地板上有厚厚的阿富汗真毛红毯，甚至连天花板也叫人不忍移开视线，那里有淡雅素洁的装饰画。人随便在哪把坐椅上坐下，头一仰天，几乎半天时间都是这个姿势了，这真是名副其实的"海上璇宫"。

    铁达尼号从英国驶向纽约，预定时间 7 天，船上共 2208 人，其中乘客 1316 人，船员 892 人。

    海上风平浪静，铁达尼号在大西洋上顺利航行，如果照这种速度，它可能会创下新的横渡大西洋的纪录。因此，船长船员都十分兴奋。而乘客们也尽情地享受着舒适愉快的海上之旅。

    从莎山布顿港出航的第 5 天，也就是 4 月 14 日夜，铁达尼号以每小时 23 海里的高速航行。在大西洋上，深夜 11 时 40 分，铁达尼号突然撞上游离的冰山，发出恐怖的撞击声。随后，船体大幅度地摇晃着，船内的器皿撒了满地，玻璃的破碎声夹杂着乘客们悲惨的呼叫声，铁达尼号充满了恐怖与惊慌。走廊上、甲板上和楼梯口处，拥挤着逃生的乘客，刹那间，船上一片混乱。

    凌晨 0 点 15 分，铁达尼号发出第一声 SOS 求救信号，0 点 45 分，信号弹发出之后，救生艇开始放入水中。已接近半疯狂状态的乘客们，争先恐后地登上救生艇。然而僧多粥少，铁达尼号上只有 20 只救生艇，于是，男人们决定先把妇女和儿童送上救生艇，他们自己则留在船上，爱德华·史密斯船长也和其他男人们一道留在船上，与铁达尼号同生死。

凌晨 2 点 20 分，自称为"不沉之船"的铁达尼号，带着 1513 名乘客和船员，一起葬身大西洋底。海面上先是涌起一个大大的漩涡，但不久，漩涡消失了，海面上又恢复了平静，好像未曾发生过任何事情，获救的 695 人，不过是全部人数的 1/3。

然而，事发以后，却听到了这样的消息：在铁达尼号沉没之前，有许多人预知它的沉没将会发生。

当时，英国著名的实业家约翰·欧纳，因为一笔商业贸易必须赶回美国，他好不容易弄到铁达尼号的船票，那是 1912 年 3 月 23 日的事，当时铁达尼号的处女航引起了社会的大骚动，要想弄一张船票不是容易事。

但是在动身的前 10 天，欧纳连续两个晚上做了同样的一个不吉利的梦。梦中看见铁达尼号沉没在大海之中，许多大人小孩被无情地抛向海面。欧纳被这个梦困扰着，感到十分不安，终于取消了旅行。

住在加拿大维尼培克市的教会牧师查尔斯·摩根，也做了巨轮沉没于大海的噩梦。

海难发生的那天下午，摩根牧师为思索傍晚礼拜的内容考虑了许久，疲倦之余便打起盹来。他在梦中看见一个骇人的景象：有一艘巨轮航行于海面上，突然天空转暗，浓雾弥漫，这艘巨轮在迷雾中撞上冰山。甲板上挤满了求救呐喊、号啕大哭的人，人们争先恐后地登上救生艇。最后，这艘巨轮倾斜着沉入海底，这时候，甲板上传出赞美歌。

"铁达尼号"沉没之后，全世界为之轰动，各

种猜测纷纷出笼，其中最有名的就是"木乃伊的诅咒"了。

　　早在1900年左右，考古学者在埃及古墓中发掘出一具石棺，石棺上刻着这样的咒语："凡是碰到这具石棺的人，都会遭难。"不过，热心研究的考古学者并不在意咒语的内容，依旧打开了石棺，石棺中躺着一具有数千年历史的木乃伊。

　　当时石棺被运到英国，展示在大英博物馆中供民众参观。可是不久后，当时一位参与考古挖掘的成员回到英国突然莫名其妙地猝死了。后来，参加发掘石棺的考古学家也接二连三不明不白地去世。于是博物馆决定将石棺移至民众看不到的地方去，以避开闻名而来的大批好奇的参观者。10年之后，一位富有的美国实业家，听到这一消息，要求博物馆将石棺和木乃伊卖给他。最后，这位美国人如愿以偿，终于购得石棺和木乃伊。当他想把这些东西运回美国的时候，刚好碰上了"铁达尼号"处女航，因此他便将石棺和木乃伊托铁达尼号运送。但是当时没有人注意到，石棺上咒语的最后一句是凡碰到这具石棺的人都会遭难："将被海水吞没"。

寻找亚历山大陵墓

亚历山大大帝（公元前 356 年～公元前 323 年）是古代马其顿国王腓特烈二世的儿子。他于公元前 336 年即位后，大举侵略东方。在短短的 10 余年里，东征西伐建立起东起印度河、西至尼罗河与巴尔干半岛的版图广阔的亚历山大帝国。

亚历山大曾是一位赫赫有名的英雄，但同时又是一位神秘人物。有关他的传说不可胜数。遗憾的是，他生前的一些历史记载没有留传下来，而后来的一些传抄本及书籍又众说纷纭，矛盾重重，而且带有极浓重的传奇色彩。因此，就是在他死后 2300 多年的今天，这位古代伟大统帅的业绩仍令人们十分关注，迫切希望发现这位不可一世的帝王陵墓，以求从出土文物中获得一些有价值的历史证据。

1964 年的一天，埃及亚历山大市的报纸发表了一则耸人听闻的消息："马其顿国王亚历山大的陵墓找到了！波兰考古学家们的巨大成就！"消息很快传遍了全世界。美国《纽约时报》立刻给波兰考古队发了一封电报，希望就这一伟大的发现写篇文章，并给予优厚的稿酬。各国记者也争先恐后地飞抵埃及。同时，大批旅游者的涌进使得埃及警方处于戒备状态。

可惜，消息是假的。原来发现的并不是亚历山大的陵墓，而是古罗马时期的一座剧院的遗址。那么这位著名历史人物的陵墓究竟在哪里呢？他又是怎么死的呢？

关于亚历山大的死因历来有两种传说。一是说他远征印度时在距离巴比伦不远的地方，迎面碰上了一些精通天文和占卜的祭司，他们劝告他不要去巴比伦，否则凶多吉少。虽然他没有停止前进，但此后却变得心情阴郁。

一次，他驾驶着战舰在湖泊上游逛。突然刮来一阵风，把他的帽子吹走，掉在芦苇丛中，正好落在古亚述国王的墓上。所有的随从以及亚历山大本人都认为这是很不吉利的事。

派去追赶帽子的水手，在泅水回来时，竟大胆地把它戴在自己头上，这就更加强了不祥之感。亚历山大恼怒了，当即把这个水手杀了。不久，亚历山大身患重病。13 天后，终于在公元前 323 年 6 月的一个傍晚逝世。当了 12 年零 8 个月的国王，死时才 32 岁。

这些琐事，看来只不过是一种巧合罢了。其实，大帝的死很可能是由于行军路上的艰辛，加之经过多次作战，弄得遍体伤痕，在沼泽地里又感染上了疟疾等原因造成的。

另一个传说是：亚历山大之死是因为在宴会上有人往他的酒杯里下了毒药。如果这个传说是真的，那么亚历山大就不是自然死亡，而是死于阴谋。

亚历山大死后，他的部下托勒密将军（后来成为埃及王），用灵车把他的遗体运往埃及，安葬在亚历山大城，并为他建造了一座富丽堂皇的陵墓。

凯拉大帝、奥古斯丁皇帝、卡拉卡尔皇帝等历史上的著名人物都曾到此陵墓朝拜过，还在亚历山大的塑像头上加上一顶金冠。可是到了公元 3 世纪，有关陵墓之事，不知为什么无声无息了。公元 642 年，阿拉伯大军攻占了亚历山大城，这里的辉煌历史陈迹使他们感叹不已。到了 1798 年，法兰西拿破仑的军队进入亚历山大城时，这里已是一派衰落景象，城中只有 6000 居民了，跟随拿破仑的一些学者还看见不少古建筑的废墟。19 世纪初，这里开始修建海港，古老的建筑遗址成了采石场，有许多遗迹被深埋入地下。亚历山大城很快成为地中海上一个重要的贸易中心，可是历史陈迹却荡然无存了。

按古希腊的习俗，创建城市的国王，在他死后一般都要埋葬在城市中心。因而有的考古学家分析认为，陵墓很有可能在位于城市东部的皇宫区。也有人认为，陵墓应在两条街道的交叉点上。

近年来，波兰考古学家玛丽亚·贝尔纳德对当地出土的古陵灯，进行了一番研究后发现，古人在制作用灯时，在上边绘制了古代亚历山大城的模型，因此她对陵墓的位置做了一个有趣的推测，她认为在模型内的许多建筑物之中，有一个圆锥形的建筑物，可能就是亚历山大的陵墓。因为，奥古斯丁皇帝的陵墓是尖顶圆锥形建筑，这种墓形很有可能就是在仿造亚历山大陵墓。

英国人维斯曾对托勒密王朝的墓地，进行过分析研究，认为这些墓应当同亚历山大陵墓相像。他想象亚历山大的棺木是安放在一座宏伟的庙宇里，周围是一些圆柱，墓里一定有许多稀奇精美的物品。墓内还可能保存着从埃及各处庙宇送来的经书。20世纪70年代，一个惊人的发现大体上证实了这些猜想。专门研究古代马其顿历史的考古学家安得罗尼克斯发现了亚历山大的父亲——腓特烈二世的陵墓。

大殿中央停放着高大的大理石石棺，上面设有镶着宝石的、沉重的金质瓶状墓饰。国王的遗骨就在其中，周围是一些珠宝金器、王权标志、战盔等物，发着光。

其中有五个用象牙雕刻的雕像，制作得相当精美，特别引人注目。这五个雕像是国王的一家：腓特烈二世本人、他的妻子、儿子亚历山大和国王的父母。这个发现在考古界引起了轰动，被认为是20世纪考古中最伟大的发现。

惊喜之余，人们不禁要问：腓特烈二世国王的陵墓尚能找到，难道他儿子的陵墓就不能寻觅？但事实毕竟是事实，亚历山大陵墓的确令人难以揣测，一直没有任何线索。

谁能解开这个陵墓之谜？人们耐心地期待着。如果一旦解开，很可能会发掘出当时许多民族的文化艺术珍品，以及大量的历史资料，这对考古学将是一个多么巨大的贡献呀！

淤泥逃生

这是猎野鸭季节开始的第 1 天。阿拉斯加州安克里治市东北的尼克河口不远的"野鸭沙洲"上，一块沼泽地在阳光的照耀下闪闪发光。在堤下约 20 米处，有一个 37 岁的叫诺克斯·钱恩的人，他正把小艇的马达关掉。

"水越来越浅了，"他对 39 岁的罗顿·抗契尔说，"我们不妨把小艇留在这里。你去拿弹药，食物我来拿。"

几小时前，3 米深的潮水曾淹没这个沟壑。钱恩和杭契尔把小艇拖到岸上后，就开始在粘稠的淤泥中艰难行进。

"这东西像糨糊一样十分可恨。"钱恩说。他提起右腿跨进了一大步，想走得快些，但左腿的长靴却被吸住，无法动弹。他猛力拔腿的时候，忽然两条腿都被紧紧地粘住，不能移动了。他试图把身子向前扑，然后侧闪，他越是要往上拔，就觉得自己往下陷。一转眼工夫，灰胶泥便淹没了他的足胫和小腿。

钱恩大声呼叫："救救我，罗顿!"他把三明治盒子抛掉，盒子很快便渐渐沉没了。

杭契尔和钱恩两人已经有 15 年多的交情，经常结伴打猎，知道阿拉斯加松动冰川淤泥的厉害——像流沙一样，可怕得很。它由爽身粉那么细的颗粒形成，看来跟普通的泥巴一样。潮水涨时，水力把淤泥颗粒冲散，变成泥浆，潮水一退，泥浆便变得结实，成为厚泥。一个人如果被它困住，便无法动弹，要想脱身只有等潮水再次涨起。

杭契尔解下皮带，小心翼翼地向着钱恩走去，先试了一步才走下一步。钱恩终于抓住了皮带。"抓紧呀!"杭契尔一面叮嘱一面拖拉。

钱恩两腿发力，身向前冲，可是粘泥竟然像老虎钳似的把他夹住。后来，杭契尔觉得泥面越来越松，这才想到"两个人同时被困是最要不得的"。

"这样搞下去可不行，"杭契尔一面说一面退回岸上，"下游那头一定有人在打猎。我必须找人帮忙才行。"

杭契尔抬头看了看已经升得很高的太阳，然后朝南面走去，留下从腰部以下已没在泥里的钱恩独自应付困境。阿拉斯加的潮水是世界上涨得最快和最危险的。不到 4 小时，潮水就席卷沙洲，每 4 分钟上升 10 厘米。两小时后，钱恩被困处的河水便会达到 3 米至 3.5 米深。

钱恩一面发抖，一面将双手伸到泥里企图挣脱，但是身体却越陷越深。"怎么这样冷！"他在想，"不知到什么地步便会体温过低。"

他记起两年前才 32 岁便死于癌症的爱妻克莉丝婷。经过病魔的长时期折磨，她还是勇敢得令人钦佩。"她从不灰心，我也应该一样！"他心想。

他又想到自己的孩子——17 岁的塔拉、14 岁的特莉娜和 10 岁的安东尼。

在安克里治附近艾门朵夫空军基地的第 71 航天救援回收中队指挥中心，电话铃响个不停，蓝雷中校拿起电话。原来，杭契尔在沙洲上走了 1 小时后，他求援的信息终于传了出去。不久，美国空军的一架直升机便已经升空，由西尔斯上尉负责驾驶。机上另有副驾驶员密勒上尉，随机机械员思格斯中士，跳伞救援人员库拉下士和韩富利下士。十几分钟后，直升机到达了沙洲上空。

直升机在钱恩后方 20 米处的高地着陆后，两名跳伞救援人员便马上跳出，走到泥沼。"放心吧，我们会把你救出来。"韩富利安慰钱恩说。

起初，库拉和韩富利试图一面挖泥，一面把钱恩拉出，然而他们没想到，转瞬间，他们也是泥菩萨过河——自身难保，在软泥里毫无用处地挣扎。库拉的一条腿被粘得牢牢的，韩富利的两条腿则深陷到大腿。后来，库拉终于挣扎脱身，还帮忙把韩富利救了出来。

接着，韩富利奔到直升机那里，取出一副担架，想跪在上面营救钱恩。令人惊奇的是，淤泥不久便把担架也淹没了，使他们不得不再度退却。

后来，他们拉着另一件救援工具——个与直升机连接、有 4 厘米宽皮带扎住的浮椅，再次小心翼翼地穿过泥沼。他们把皮带套在钱恩腋下，然后走开。他们告诉钱恩，等到直升机开始拉动他时，他便应该张开两腿，如果可能的话，最好跨坐在椅子上。

思格斯蹲在敞开了的机舱口，把吊缆掣扳到"上升"。吊缆顿时绷紧。可是，钱恩却突然向侧折身，然后慌忙地向思格斯打手势叫停。原来他痛得无法承受。

西尔斯在驾驶座位上挺直身子，心想："这下子糟了。"一个人身体深埋在冰川淤泥中时，受到的吸力是非常大的。他知道有一次种类似的直升机营救行动时，被困者的身体被拦腰扯为两段。

"我们离他太远，"西尔斯说，"角度也不好。我们应该在他头顶正上方停住不动，而且离他越近越好，以便容易对话取得联系。然后，我们可以非常缓慢地把他垂直拖起。这是我们唯一有希望救他的办法，也是他的唯一机会。"

可是，怎么能使一架10吨重的直升机在一个人的头顶1米之上保持凌空停留？稍有差错，直升机就会把那人的背撞断，甚至于把他压死。

"只许成功不许失败，"西尔斯说，"还有1小时左右就要涨潮了。"

直升机向钱恩低飞过去时，旋翼激得泥浆四散飞溅，使他眼睛也睁不开。转眼之间，小泥团便像榴霰弹一样射击着他，使他不得不用冰冻的双手来捂住眼睛和耳朵。直升机先是在他上面9米，逐渐降到6米……然后3米。发动机的啸声震耳欲聋，钱恩尽力抖缩身体。2米……1.5米……"不能再低了！"他挥臂嘶喊。

思格斯在机舱口身向前倾，拼命打手势叫他把泥挖开。钱恩会意，随即开始用手刨开四周的厚泥。

为了使飞机保持凌空不动，西尔斯必须两脚踩着踏板，两手把着操纵杆，一根杆上还要用拇指控制。只要突然刮起一阵风，或是操纵杆稍微扳错一下，甚至发动机骤然停息片刻，钱恩的背部便会像树枝一样折断。

钱恩感觉到腋下皮带在向上拉。这时，淤泥差不多已到他的胸口。虽然他竭力把泥推开，可是淤泥像火山熔岩似的很快又向他涌回来。钱恩累得气喘吁吁，觉得自己的力气已渐渐消失。

在驾驶舱里，西尔斯在担心山风，直升机似乎比刚才稍难控制。他的足踝开始抽筋，肩膀也已变得僵硬。他恨不得抽起操纵杆，把那人从泥里拉出。可是他非常明白这样做会产生什么后果。

突然间，一阵风把直升机刮到左边，"保持位置！"思格斯大叫说，"下面那个人遭遇到了真正的麻烦。"

现在大约是午后1时45分。直升机在钱恩头上已停留了至少15分钟。淤泥现在已没到他的腋窝了，他累得时不时停下来休息。"他开始不行了。"思格斯向驾驶舱报告。他看到下面那个人的手软瘫瘫地搭在泥上。"看来他正在渐渐昏迷。"思格斯在拉紧缆索时暗想。"我们该怎么办？"他向西尔斯请示。

"继续努力，"西尔斯大声说，"我们必须救他。"冷汗直流下他的脖子。他知道，现在潮水随时都可能来到。"如果潮水涌进来，"他想，"我们就只好更使劲更快地拉。"这虽然危险，但这是不得已的办法，他不能让下面那个人葬身泥沼。

下午差不多两点钟时，钱恩感觉到有个拉力轻微地把他向上提升。他已不再下沉。于是，他不断地掐泥、抓泥和抛泥。缆索逐步向上提升，泥沼亦渐渐降到了他的腰部。"我有希望脱险的。再拉上一点就行了！"他想。

钱恩双手颤抖地抓住浮椅，想跨过它坐在上面。可是，他的两膝在泥中无法分开。突然间，直升机向侧面低倾，于是钱恩用尽全力，强行将两腿分开，终于把身子坐到了浮椅上。

他的身子脱离粘泥时，尽管直升机的吼声很大，他仍听得见粘泥吸噏的声音。他瞧着自己的长靴从腿上滑落，没入泥沼之中。不过不要紧，他已经脱身了，这才是最重要的！

思格斯跪下来搀扶精疲力竭的钱恩穿过舱门，把他送到机舱里。在下面，粘泥迅速涌向钱恩遗留下的空洞，很快就把它填平了。

飞车失控之后

1993 年 8 月 29 日，星期四午后。美国新泽西州莫兰奇护士学校 21 岁的女学生塞丽西姬·爱丽丝把车开到弗吉尼亚州南部的一个自助加油站，为她那辆 1986 年出厂的大众公司的红色"捷达"牌轿车加满油，然后驾车驶上从缅因州通往佛罗里达州的 95 号州际高速公路。

爱丽丝长着一头乌黑的秀发，她生性非常好强，再有一年就从护校毕业了，现在正在一家医院实习，这次是回家去度过几天愉快的假期，她早上 7 点就上路了。

距北卡罗来纳州边界还有 13 公里时，爱丽丝有了一种奇怪的感觉——车子进入了巡航的车速锁定状态，而这个车型根本没有这种功能。她将脚从油门踏板上抬了起来，出乎意料，汽车仍以每小时 104 公里的速度疾驶。

爱丽丝大吃一惊，抬脚用力向刹车踩去洞时向路边的紧急停车道打轮。她向下望了一眼，发现油门踏板卡住了半截，于是急忙用右脚尖将它挑起，把车停了下来。

爱丽丝走下车来，掀起车盖，简单检查了一遍。看上去一切正常，于是把盖子又放了下来，她感到有些迷惑不解。这辆 4 门的"捷达"车是爱丽丝 8 个月前从新泽西州一对夫妇手里买下的，也是她的第一辆坐骑。刹车进行过修理，也进行过常规的维护，除此之外一切都没有毛病。

爱丽丝重新钻进车内，抓起无线电话，按下了号码 911："我车上的油门发涩，不知道行车是否安全？"

几分钟之后，弗吉尼亚州的一辆警车在她后面停了下来，巡警詹姆斯·格雷戈里为她试了车。油门并不发涩，不过他还是告诫爱丽丝有可能油门拉线生锈了，需要加润滑油。这位巡警告诉她北卡罗来纳州境内一家加油站的地址，并驱车把她护送到州界。爱丽丝竖起大拇指做了一个手势，发动机运转正常。她决定等到下次加油时再给抽门拉线润滑。

48 公里过去了，爱丽丝注意到尽管自己将脚踩在油门上，但时速表的指针仍一点点向 104 公里靠近。"哦，天啊！这车又出毛病了。"她轻轻踩了踩踏板，希望能把它弹起来。爱丽丝一把扯下脸上的太阳镜，用力踩下刹车。

车慢了下来，爱丽丝松开脚闸。然而令人意想不到的是，车子一下子以每小时 120 公里的速度向前窜去。爱丽丝在一条条车道上左躲右闪，不停地猛踩刹车，然而脚下的刹车板也变得像石头一样坚硬。她用力扳起手闸，手闸也同样完全不起作用。她把车开上左侧的快车道，脱开自动变速装置想换到空挡，但它也被卡死了！

爱丽丝从来没有开过这样快的车，她开始不知所措，胸口发闷，喉咙发紧，差一点昏过去。她急中生智，"把发动机关掉！"爱丽丝的手指用力去拧钥匙，"熄火！熄火呀！"谁知一点反应都没有。

爱丽丝再一次推动变速杆，这一次它落到了空挡位置，可是刚一抬手，它又弹了回来。爱丽丝又试了一遍，它停在了空挡上，然而更使爱丽丝大吃一惊的是，时速表已经指到 145 公里。

温咸的泪水模糊了爱丽丝的视线，她深吸了一口气，听到窗外不断传来愤怒的喇叭声，知道是自己抢道太猛了。"人们一定以为我疯了！"一辆面包车里两个儿童的身影一闪而过，一种新的恐惧袭上心头："上帝保佑，可千万别出什么事！"

爱丽丝左手紧握方向盘，腾出右手摸到电话，按下 911 后，用左肩和下巴夹住听筒。

50 岁的雷·迪克逊正在无聊地打发着值星期日的中班，午后工点 26 分，一个惊恐的电话打进来："救命啊！我在 95 号高速公路上，我的车停不下来了，它越来越快！我担心撞上。"

"你现在在哪儿?"迪克逊急切地问。

呼救者说她刚刚过了一个停车区，迪克逊知道那地方在警察局东北 13 公里处。在 911 工作 4 年以来，他还从来没有遇到过这样的情况。

"快把发动机关掉！"迪克逊焦急地命令。

"关不掉！"电话那头传来无可奈何的声音。

迪克逊又告诉她把车挂在空挡，然后用刹车把车停下来，可是他听到的回答却只是一句带有哭腔的"什么都不管用"！与此同时，另一位警官立即向北卡罗来纳州公路巡察中心报告："95 号高速公路上有一辆汽车失控。"

爱丽丝眼看着时速表的指针跨过了 161 公里，前面的两股车道上都是车，她不停地按喇叭，大灯也被打开。但是她的车速毕竟太快；前面的司机根本来不及作出反应。在最后的关头，她只能猛拐上只有 2.5 米宽的道边，呼啸而过。

左侧是中间隔离带，有的地方还有树，但大部分是 9 米宽的路肩。右边，作为紧急车道用的道边之外是一道陡坡。无论是向左还是向右，只要是一离开路面，爱丽丝的汽车非翻不可。

为了减少爱丽丝的恐慌，迪克逊故意不动声色他说："别慌，控制住双脚，然后狠踩一下油门。"

爱丽丝感觉到油门踏板确实向下动了一动，但是没有像希望的那样反弹起来。

"你还剩多少油？"迪克逊问。

"还有半箱呢。"

爱丽丝的车在州际公路上狂奔，一路上左躲右闪，时速已超过 177 公里，迪克逊的耳机里传来一声声惊恐的叫声。

左车道上塞满了车，爱丽丝正前方的右车道上是两辆半挂拖车，间隔不到 30 米。爱丽丝一把扔掉电话，向右打轮，拐上道边。当她的车与第一辆拖车并驾齐驱时，保险杠的右端距护栏仅几厘米。爱丽丝的眼睛一眨不眨地盯着路面。"只要瞟一眼拖车，我就完蛋了。"一阵震耳欲聋的马达声从拖车车头传来，她感到自己的心脏跳到了嗓子眼，抬头一望，只见前方道边的紧急车道上正停着一辆轿车，旁边还站着一个男子！

根本来不及再超过第二辆拖车了，爱丽丝把车拐回到两辆拖车间的车道上，后面那辆拖车发出惊天动地的汽笛声和汽动刹车的尖锐的响声。爱丽丝的车离前面的拖车越来越近，而左侧的车道上仍塞满了汽车。

一个人影从眼角一闪而过，正是那个站在车旁的男人！爱丽丝立即向左打轮，重新回到道边的紧急车道，第二辆拖车擦身而过。

爱丽丝感到自己已经力不从心，"我不行了，我知道不行了。""喂，"本能使她又抓起电话，"请你记下这个电话号码。"她报出了一个好朋友的号码，然而一种更大的恐惧向她袭来。"假如我把别人撞死了该怎么办？上帝啊！求求你，就让我一个人承担这一切吧。"

"镇静，你表现得很出色。"迪克逊在电话中说，红色的"捷达"就要驶出他的管界了，他知道95号公路南边的警察已经做好了如何截住这辆车的准备。此时是下午1时45分。

费迪威尔市东北，弗兰克·穆迪警官看到一辆红色的"捷达"飞驰而过，在车流中激起一片喇叭声。"是她！"

穆迪一脚把油门踩到底，驾驶警车追了上。他从右边超过"捷达"，然后又在她前面拐上右侧的车道，加速向前开去，警灯闪亮，警笛长鸣，穆迪催促前面的车辆腾出车道，遇到前面车辆很多，他就引导爱丽丝拐上道边。

前车扬起的路边石子打在挡风玻璃上，前车窗上出现一道道很小的裂纹。爱丽丝不得不伏在方向盘上，探头观察前面的情况。她跟警车的距离逐渐拉近，"前面有一辆警车，我就要撞上它了！"爱丽丝对着电话大叫，"让它赶紧让开！"

与此同时，穆迪看到有一辆汽车在道边停了下来，他紧急刹车，绷直了身子作好了后面挨撞的准备。

但是出乎穆迪的意料，他吃惊地看到爱丽丝向左猛拐，在距另一辆车仅几步之遥的地方再次左拐，进入左车道，保险杠狠狠地撞在另一辆车上。她只得再次向左躲闪，两个车轮在车道上，另外两个轮子跨到了中间隔离带的草地上。"捷达"超过前面那辆车子，拐上公路。"谢天谢地，"她冲着电话激动地说，"我绕过去了，谁也没撞着！"同时她还注意到油表的指针距零刻度不远了。"坚持住，沉着一点，"她对自己说，"你能挺过去！"她第一次看到了希望的曙光，心中不再那么害怕了。

前方，费迪威尔市已经遥遥在望，那里是95号公路最繁忙的地段之一，也是几条公路的汇合点，假如车子冲上去简直不堪设想。两辆18轮的大型卡车巨大的身影在前面出现，另一辆开路警车从左面绕了过去，爱丽丝向右打轮。夹在卡车与护栏之间，等她颠簸着回到正路上时，前方突然又出现了第三辆大卡车，然而此时的紧急车道已被其他的车辆塞住，开路警车不得不向左为她辟出一点空间。爱丽丝的车呼啸而过的时候，警车则以每小时169公里的速度在倾斜的中间隔离带上横冲直撞。有那么一段时间，爱丽丝眼前的公路向上升起，视线被坡度挡住了。待到翻过这一道斜坡时，眼前的景象把她吓呆了。

一辆巡逻警车在拥挤的车流中声嘶力竭地为她开道，而车子的刹车尾灯一直亮着。爱丽丝绝望、下意识地然而也是徒劳地狠踩脚下的刹车。

她已不可能再向右侧的道边拐去，一连串望不到边的汽车已经占满了右边车道，"捷达"被困在了左车道里，前边是开道警车，左边是长满青草的中间隔离带斜坡。"要是从路面上翻下去，我必肯定活不成！"爱丽丝眼睛紧盯着警车的尾灯，心里想，"要是撞上它，它肯定也会爆炸起火。"

爱丽丝向左偏了偏，两个轮子跨到坑坑洼洼不平的隔离带，她感到车身在倾斜，方向盘在手里不住地抖动。此时她闭上了双眼。

"捷达"冲下8.5米宽的中间隔离带的西侧护坡，直插沟底，然后又窜上东侧的护坡，自天而降地落在95号公路的北行车道上。一辆巡逻警车测出这一"起飞"的速度是每小时156公里。

"捷达"在空中飞起3米高，车身翻滚，底部朝天，砸在一辆以每小时105公里车速向北行驶的小卡车上。然后它从小卡车上弹起，在半空又打了一个滚，翻转身来，落在滚滚而来的车流中。一辆白色的卡迪拉克带着紧急刹车的尖叫声，撞在"捷达"左后侧的保险杠上，"捷达"被顶得顺时针打转，向前滑动了6米后终于停了下来，发动机起火。

爱丽丝睁开了双眼，她感到恶心，胃部有一种针刺般的疼痛，但是身子尚能活动。她听到一阵急促的脚步声，一张脸出现在打开的车窗上。"我把谁撞死了？"她小声地问道。

"谁也没撞着。"警察平静地回答。爱丽丝轻轻地把头抵在警察扶在车门的双手上。此时是下午2时30分，距塞丽西娅·爱丽丝第二次叫通911已经64分钟，她飞车行驶了114公里。

爱丽丝身上仅有一些划伤，令人称奇的是那辆小卡车的司机，54岁的托米只是脖子有点疼，坐在旁边的6岁孙女竟安然无恙，51岁的妻子也仅是脸上有点外伤。卡迪拉克中的5个人也死里逃生，一点没有伤着。

机械师在检查中发现，红色"捷达"传动装置中有一颗螺栓脱落，造成排档不起作用而使油门拉线卡死，油门完全敞开。另外，由于高速行驶，闸瓦过热、变硬，无法对踏板的动作作出反应。然而发动机为什么无法熄火却是个不解之谜，因为进行检查时点火装置均正常。可能的解释是：爱丽丝在惊恐之中忘了应该反时针方向转动钥匙，而是错误地向顺时针方向拧钥匙。可是爱丽丝却一口咬定自己没有搞错。她还说车挡根本没有办法挂在低速挡上。不管怎么说，爱丽丝的确经历了一次警匪片似的惊险体验。

飞机坠毁之后

一个深夜，一架摩尼 201 型单引擎飞机由新泽西州方向飞来。当时气温很低，有雨和雾。飞机开始飞时一切都很正常但没过多久，机身突然失去了控制，以 180 公里时速向前猛冲，飞机掠过一些大树的树顶，一头撞进了一片沼泽之中。

今年 88 岁的驾驶员哈特，是纽约市一家医院的医生。三四个小时以前，他在好朋友日维斯家里做客，他们有很长时间没有相聚在一起了。哈特很兴奋，在戴维斯夫妇的热情招待下，他喝了不少酒，几乎忘了自己还得驾驶飞机返回纽约。在飞机坠落沼泽地的一刹那间，哈特休克了，但他很快被深夜里刺骨的寒风和冰冷的雨点冷醒了。

当哈特的神态恢复神志时，他立即明白了刚才发生的一切。此刻他觉得眼前白茫茫的一片，而浑身像刀割般地疼痛。

他发现自己仍然被绑在安全带上，用手一摸，仪表板却不见了。飞机的前半身已经折断，深深地埋进沼泽中。

哈特想动一动身体，只觉得腿上一阵刺痛。他撑起身子往下一看，立刻吓了一跳。黑暗中，他隐约见自己的裤子已被撕成几块，左膝上的肌肉和皮肤被撕开，血肉模糊，白生生的膝盖骨裸露在外面。再往下看，更是令人看了害怕，折断的小腿骨从皮肉中戳了出来，只要稍微动一动，他便忍不住发出凄惨的尖叫。

他想试着抬一抬右腿，想不到右腿也断了，血如泉涌。哈特毕竟是医生，尽管眼看这种血淋淋的景象，但仍然显得很冷静，不让紧张和恐惧打垮自己的意志。

"这下完了。"他嘀咕了一声。继续检查身上其他部位的伤势。他的手由下而上逐渐摸索着。

胸部无法动弹，肋骨已折断几根。肩膀、脖子倒是没什么事，但当手触摸到膝上时，手上碰到了粘糊糊的血液。哈特惊叫起来："我的眼睛、眼睛……"

他朝左眼摸去，从眼眶里垂下一簇裸肉，也就是说，左眼珠已脱眶而出。哈特有些绝望了："天哪，以后我可怎么办，如何继续工作?"冰一样冷的雨水落在他的脸人身上，他冷得瑟瑟发抖。

血，不停地从伤口往外流，时间是午夜零点。哈特心里清楚，如果就这样待下去，即使不是流血过多而死，也会冻死在沼泽地里的。

他咬紧牙关，拼命克制住内心的绝望和浑身的剧痛，竭力想出拯救自己的办法。他忽然想起飞机上有紧急定位发报装置。这种仪器发出的电波通过人造卫星的转发，可以让援救人员知道准确的坠落地点，及时赶来营救他。可是，他摸索到的发报装置却已撞坏了。

现在，哈特处于彻底孤立无援的绝境，寒冷使他开始打战，身体痛苦地蜷缩起来。他决定爬到机翼下暂时躲一躲。这是目前他唯一能做的事。

哈特慢慢放下座椅，然后一厘米一厘米地往后移，每移一步，他都忍受了难以形容的痛苦。他的手紧紧抓住已经毁掉的左腿，以免它造成阻碍，托着毫无作用的右腿，十指抠着泥地缓缓爬行。从他座椅落地的地方到机翼仅仅三、四米远，然而对于每一秒钟都承受着伤痛煎熬的哈特来说，这段距离实在太远了。鲜血淋淋的伤口擦着冰冷潮湿的泥地，实在是痛入骨髓，有时会控制不住而发出类似野兽的嚎叫，连他自己也不能相信会发出这样的声音。他每移动几厘米，就不得不停下来大口喘气。当他终于到达机翼的时候，已足足花去了四十分钟，在他的身后，留下了一条弯弯曲曲的血痕。血顺着他的腿往下流，每流一滴血，他就向死亡逼近一步。

哈特无力地瘫倒在机翼下，这三、四米路已经把他全部的力量都消耗掉了。他感到生命正在一点一点地离开自己的躯体，他无法估计自己究竟流了多少血，不知道自己还能撑多久。哈特身为医生，个性顽强，平时最憎恨面对危急一筹莫展，然而此刻他对自己也无能为力了。他开始觉得自己必定不能获救了。有一刻他简直希望自己快点死去。眼下只有死才能解脱他的痛苦。

他闭上了仅存的右眼，默默等待死神的降临。忽然，几滴冰凉的液体滑过他的面颊，那是细微的雨点，还有不知什么时候淌下的泪，连他自己都不知道。在纽约家中有着他的妻子和两个可爱的孩子，还有许许多多病人信任的目光，当他一想到这里，他的眼睛又一次湿润了。他突然想起了他读过的杰克。伦敦的那篇小说，里面的主人公战胜了无法想象的困难终于活了下来。他精神一振，用那只没有受伤的眼睛仔细观察了四周的环境，喃喃地说："我要活着走出这片死亡沼泽！"

哈特支撑起身子，用力撕开自己的衬衣，忍住剧痛把伤口扎紧。幸好他刚才摸到了放在座椅边的大衣，他把整个身子蜷缩在大衣里，一动不动地倚靠在机翼边……

整整一夜，在纽约的哈特的亲属也在到处寻找他。他的妻子向警察局报了案。警察局马上出动了直升机和警车，沿着哈特可能到过的每一个地方进行搜索。

终于，通过无线电报告他们发现了堕落在沼泽地的那架摩尼201型单引擎飞机。

警察迅速赶到这片沼泽地边缘，却被一道百米宽的水域挡住了。他们已经看见了对面那架已经断为两截的机身。警察穿着厚毛毡鞋涉过冰冷的水域，越走往沼泽地越陷得厉害。他们简直怀疑那个倒霉的驾驶员是否还活着。

当警察们找到哈特时，不禁被眼前这个人吓了一跳。他的面孔像一张魔鬼的面具，脸色惨白，脸上和身上到处是凝结的血块，压成碎块的左腿看了更使人心惊。

"真想不到上帝还让我活了下来。"哈特露出了艰难的笑容。

哈特立即被送往纽约市某大学的外伤中心。医生们无不为哈特的奇特生命力所震惊。一个人能在身体受如此重伤并大量出血的情况下顽强地活着，真是生命的奇迹。

金星惊现"金字塔"文明

金星是八大行星之一,紧挨着地球。据资料显示,相对于地球来说,金星的自然环境要恶劣得多。金星的表面温度高达460℃左右,大气中的二氧化碳含量占到90%以上,时常降落狂暴的、具有腐蚀性的酸雨。此外,金星还经常刮比地球上12级台风还要猛烈的特大风暴。

然而,就是在这种恶劣的环境中,人们竟然认为金星上可能有文明存在,这是怎么回事呢?

20世纪80年代,美国发射的探测器发回的照片显示,金星上有大量城市废墟。经过对照片的分析,科学家推测,金星上共有城市废墟约2万座,这些城市废墟呈"三角锥"形金字塔状。金星上的每座城市实际上是一座巨型

金星的大气主要由二氧化碳组成,并含有少量的氮气。金星表面的大气压强非常大,为地球的90倍。科学家认为,这样的生存环境不适合生物居住。但科学家同时指出,即便如此,也不能排除在很久以前金星上有生物存在的可能。

金字塔。这些金字塔没有门窗，科学家怀疑这种巨型金字塔可能在地下有出入口。这些巨型金字塔组合成一个很大的马车轮形状，马车轮的中心是大城市，呈辐射状的大道连着周围的小城市。

研究人员认为，这些金字塔状的城市可以有效地避免高温和狂风暴雨的侵袭。

苏联科学家尼古拉·里宾契诃夫博士在比利时布鲁塞尔的一个科学研讨会上首次披露了在金星上发现城市废墟的消息。1989年1月，苏联发射了一枚探测器。该探测器带有能穿透浓密大气层的雷达扫描装置，根据这个探测器反馈的信息，科学家又一次看到了金星上的城市废墟，而且这些废墟就是呈金字塔状。

众所周知，在地球上，金字塔是古埃及国王为自己修建的陵墓。埃及金字塔建造精美、计算准确，可谓人类的一大奇迹。而且，时至今日，有关金字塔建造的一些问题仍是未解的谜团。金字塔是人类古代文明发展先进程度

人们探测太空的步伐正在不断向前迈进，也许有朝一日，宇航员可以登陆金星，实地考察这些城市废墟。

的象征。可是，为什么这个人类引以为傲的杰作会出现在金星呢？这些照片是真的吗？

科学家经过反复研究认为，金星上的这些金字塔的确为城市遗迹，至于是谁建造了这些城市，大多数人将之归结为智能生物，即外星人。他们猜测，金星上的智能生物有着高于人类的智商，因为从金星上的金字塔废墟来看，它们的建造需要极其高端的技术，这些技术对于现在的人类来说是无法企及的。后来，由于金星的生存环境发生了变化，这些智能生物便绝迹了。但是，一些科学家根据金星自然环境的变化规律大胆设想了这些智能生物的外貌：大约1米左右的身高，大大的脑袋，圆鼓鼓的眼睛以及长于人类的四肢。这些科学家认为，由于金星上高温、严寒的气候频繁地交替出现，所以这些智能生物建造了金字塔状的城市，以躲避恶劣气候对身体的伤害。

当然，这些仅仅是猜测。从目前观测的结果来看，金星上生存环境恶劣，并不适合生物生存，所以在数百万年前，这里是否真的有智能生物，有些人持怀疑态度。

可是，金星上存在金字塔状城市废墟的事实又让这些提出质疑的人无从解释。

为了证明金星上的确存在过高度发达的智能生物，一些科学家还列举了金星上发现"人面石"的例子。

1988年，苏联宇宙物理学家阿列克赛·普斯卡夫宣布，金星上存在"人面石"，这和火星上的发现一样。联系到金星上发现的"人面石"，科学家推测，金星与火星是一对"难兄难弟"，都经历过文明毁灭的悲惨命运。科学家指出，金星经历过地球现今的演化阶段，应该曾经有智能生物存在。但是，随着时间的推移，金星大气成分中二氧化碳越来越多，以至于温室效应越来越强烈，进而使得水蒸气散失，这也最终导致金星的环境不再适合生物生存。所以，这些高智商的生物在金星上绝迹，只留下了金字塔状的城市废墟。

迄今为止，人们在金星和火星上都找到了像"人面石"或"城市废墟"这样的文明活动的遗迹，甚至在距离太阳最近的水星表面也发现了一些断壁残垣。人们将这些发现联系起来后推测，这些地方可能都曾经存在某种高度发达的文明，至于这些文明究竟发展到了什么程度，这可能就要等待后人去揭秘了。

神秘飞行器 "游览" 月球

夜晚，明月当空，人们喜欢坐在院子里欣赏皎洁的明月。然而，你是否知道，这轮看似普通的月亮上隐藏着许多不为人知的秘密？

早在 1540 年，就有月球观测者指出，在月球的表面出现过明亮的光斑和一些不规则的小点。这些光斑和小点在停留几分钟或几小时后就会神秘消失。这一发现，引起了科学家的强烈兴趣。

随着科技的发展，在宇宙中进行月球探测成为可能。1968 年 11 月 24 日，"太阳神" 8 号太空船在调查将来的月球登陆地点时，遇到了一个巨大的神秘飞行器。这个飞行器的面积大约有 2.6 平方千米，周身闪着光芒。但是，当"太阳神" 8 号沿着月球表面绕行第二圈的时候，这个巨大的神秘飞行器就突然消失了。之后不久，"太阳神" 10 号太空船也在距离月面上空 16000 多米的地方，发现一个不明飞行物载着长相奇异的生物奔向月球。

这些不明飞行物到底是什么东西？它们与之前人们观察到的月球表面的光斑、小点有什么关系呢？

1969 年 7 月 16 日，"阿波罗" 11 号飞船载着 3 名美国宇航员尼尔·阿姆斯特朗、埃德温·奥尔德林和迈克尔·柯林斯发射升空，开始了人类首次登月之旅。

但是，在出发后没多久，飞船上的宇航员就遭遇了一些奇怪的事情。他们发现飞船后面跟随着一些"闪亮的光球"，这些"光球"以同样的飞行轨迹跟随着"阿波罗" 11 号一路飞行。

宇航员立即将观测到的情况汇报给休斯敦地面控制中心，控制中心的工作人员十分震惊和担忧。一些官员认为，这一定是美国"太空争霸"的最大对头——苏联玩的"肮脏把戏"。有些人甚至认为，苏联为了挫败美国的登月计划，用火箭秘密发射"太空鱼雷"跟踪"阿波罗" 11 号，试图将其炸毁在太空中。

1969 年 7 月，美国"阿波罗"11 号载人飞船实现人类首次登月。宇航员降临月面时，看到了意想不到的景象。

然而，事情并不是这么简单。当"阿波罗"11 号飞抵月球轨道后，它装载的"鹰"号登月舱载着阿姆斯特朗和奥尔德林在月球表面登陆。当时，他们一边在月球表面行走，一边向地面控制中心汇报他们的情况。数百万观众也通过电视直播听到了他们的声音。

人们发现，宇航员的汇报听起来有些怪，汇报说："我看到了许多小陨坑，有的直径为 6～15 米。在离我们登月舱 800 米外的地方，显然有一些轨迹，看起来就好像是一辆坦克留下的一样。我们无法确定这些轨迹是怎么形成的……"

突然间，人们听到无线电中传来了类似火车头或电锯发出的尖锐的混合声。阿姆斯特朗更换了一个频道继续对地面控制中心说："我想知道这儿到底发生了什么！"

地面控制中心急忙问："怎么了？那儿有什么事不对头吗？"

"阁下，那儿有许多大东西！老天，它们真的非常大！它们在大陨坑的另一头，它们正在月球上看着我们到来……"

没有人知道阿姆斯特朗后来说了什么，因为控制中心已经迅速切换到了安全通讯频道，防止阿姆斯特朗后来说的话被全世界听到。

多年后，阿姆斯特朗的助手回忆说："3 个 UFO（不明飞行物）曾逼近到

科学家介绍，月球上的阿里斯塔克斯环形山、柏拉图环形山、格里马尔迪环形山、开普勒环形山、哥白尼环形山和第谷环形山等都是出现光斑和小点比较频繁的地方。所以，这些光斑和小点可能与火山运动有关，与外星人无直接关系。

距他们的飞船（"阿波罗"11号）只有1米远的地方。当他们乘坐登月舱降落到月球表面时，他们看到，在陨石坑的边缘，停着3个直径为15～30米的UFO！"

阿姆斯特朗等3名宇航员的奇异经历证明，跟踪"阿波罗"11号的不是苏联发射的"太空鱼雷"，很有可能是UFO。而之前太空船发现的不明飞行物也与之类似。

而月球表面发现的光斑和不规则的小点则与这些不明飞行物没有什么联系。根据科学家近期的分析和研究成果，这些光斑可能就是一些火山喷出的气体。一位研究人员说，他重新考察了这些光斑和小点，发现它们仅仅出现在有火山喷发的区域，这意味着月亮上的光斑可能就是一些火山活动时喷发出来的灰尘。

虽然这些光斑和小点与UFO无关，但太空船所遇到的神秘事件，却说明太空的神秘飞行器很有可能存在。1979年，美国太空总署前任通讯部主任莫里土·查特连表示："在太空中与UFO相遇是一件非常平常的事……所有太空船都曾在远距离或极近距离内被UFO跟踪过。"

那么，这些神秘飞行器来到月球有什么目的呢？

　　根据以前资料显示，月球上发现的 UFO 最常见的行为就是沿着月球表面绕行，而且速度很快，所以人们曾经推测这些 UFO 和人类的太空船一样，只是想探测月球。但是，也有一种观点认为，这些 UFO 的控制者在守卫月球。他们根据阿姆斯特朗等人的经历认为，这些 UFO 的控制者在密切监视人类的探月行动，似乎担心人类的探月活动影响到他们。

　　当然，这些只是猜测，也许还有很多种可能。随着科学探索的深入，相信有关月球的一个个谜团终有一天会被揭开。

地球惊现 UFO 着陆痕迹

天空中划过神秘的亮光，地面上出现离奇的烧焦圆痕……这一切究竟是怎么回事？难道这就是传说中的 UFO？

1965 年 1 月 12 日，在美国华盛顿州库斯特镇发生了一件奇怪的事情。当天晚上 8 时 20 分，镇郊的一位女农场主在回家的路上，忽然发现一道强光从天空中射来。起初，这名女农场主还以为是夜空中的一颗流星，但当她看清亮光后，发现这并不是流星，而像是一个刺眼的白色光环。据这名农场主估计，这个光环的直径约为 9 米，光环顶部微呈拱形。四五分钟后，光环突然垂直升起，迅速地消失在东北方。看到这一情景时，女农场主非常吃惊，立即报警。警方马上用无线电设备通知附近的巡警密切留意夜空中出现的异常光环。

这时，一名警官正好在华盛顿州边境地区巡逻。他接到通知后不久，便看到夜空中有一个神秘光环降落在了远方的雪地上。但是，还没等他回过神来，那个神秘的光环又消失了。

这名警官赶到光环曾经降落的雪地上时，发现在雪地上有一个圆形的印痕，其半径有三四米，印痕下面的土地完全被烧焦。从这个圆圈出发，等距离排着一行长约 20 厘米的椭圆形印痕，这些印痕到松树林前面便突然消失了。

后来，警方在雪地附近进行了大规模的搜查，但是除了地上的印痕，没有其他线索。人们怀疑这是 UFO 留下的痕迹。

在德国，也有过关于 UFO 留下痕迹的报告。1974 年 5 月的一天，一位德国科学家在中部地区进行考古研究的过程中，偶然发现草地上有一个圆形的印痕，而且印痕周围的土地明显被烧过。这名科学家无意间把指北针放进了这个圆形圈子里，结果奇怪的事情发生了：指北针竟然指向了南方。他重复试验多次，结果都是这样。为了详细研究这些圆形印痕，这名科学家准备提取附近的土样。这时，他惊奇地发现，这块土地不再吸水了。后来，经过专

据目击者报告，UFO 的外形多呈盘状（碟状）、球状和茄状。

20 世纪以前，较完整的 UFO 目击报告竟然在 300 个以上。

家鉴定，这块土地曾经承受过高电压。科学家们据此推测，这里很可能是一个 UFO 的着陆点。

这些圆形的印痕真的是 UFO 留下的吗？为了解决这一问题，俄罗斯的科学家组成了一个考察团，专门去调查和研究 UFO 的着陆地点。他们曾到一片古老而荒凉的山区进行调查，因为那里是最有可能发现神秘痕迹的地区。在一条林中大道旁边 50 米的一片草地上，他们发现了一处直径为 8 米的圆形印痕。科学家立刻用仪器进行探测，结果发现，这个圆形痕迹内有一个很强的磁场，其中含有一种对人体有害的放射性物质。科学家的实验结果更令人震惊：在圆形印痕内部，时间非常缓慢；而在圆形印痕外，时间明显加快；在离开圆形印痕 20 米以外的地方，时间则完全正常。在这次调查的最后，科学家还在空中发现了一个圆形的不明飞行物。它在低空盘旋，并向下方射出一道耀眼的光柱，大约 1 秒钟后，它就消失了。

虽然俄罗斯科学家在考察过程中没有给出一个明确的结论，但是根据他们发现的线索和之前一系列有关神秘痕迹的报告可以看出，这些神秘痕迹的出现不是一个简单的自然现象，因为其中存在许多自然规律无法解释的环节。由于每一个着陆痕迹附近几乎都有发现 UFO 的报道，所以人们有理由相信，这些痕迹很有可能是 UFO 的着陆痕迹。

亲眼所见 UFO 参加 "二战"

1943 年，第二次世界大战的硝烟仍然弥漫全球。10 月 14 日，根据反法西斯同盟军（简称 "盟军"）的统一部署，美国和英国的战机奉命攻击拥有全欧洲最重要的滚珠轴承厂的德国城市施韦因富特。根据预定计划，美国和英国所有担当此次攻击任务的战机统一向施韦因富特进发。可是，当美、英的战机编队到达目标上方，准备发动进攻的时候，意想不到的事情发生了。

驾驶 B–17 轰炸机的英国少校霍姆斯发现在自己的战机编队附近出现了一些发亮的大 "圆盘"，它们的大小与一架 B–17 型轰炸机差不多，飞行速度很快，而且逐渐向美军的战机编队靠近。这些 "圆盘" 从容地穿梭于美军的战机中，似乎对美军战机机群的 700 门疯狂扫射的机关炮以及地面上无数高射炮组成的火网并不在意。此时，美军飞行员也发现了这些奇怪的 "圆盘"，不禁心生疑惑，不知道它们到底是从哪里来的。但是，由于这些 "圆盘" 只

根据目击者的描述，UFO 最常见的一种飞行姿态就是纹丝不动地悬停在空中。然而，UFO 有时也会使用 "落叶式" 或者 "摆动式" 的姿态下落，有时还会沿着破浪般的曲线状轨迹飞行。

是单纯地穿梭于美军的战机编队之中，或者尾随其后，无意进攻，所以美军飞行员没有对其发起进攻，也没有第一时间把这件事报告给总指挥部。

突然，德国的歼击机群出现了，美军士兵全力以赴投入战斗。德军这次投入了 3000 多架飞机，第一次成功突破了美英盟军轰炸机的密集队形（每 70 架飞机组成一个方阵）。空战一开始就进入了白热化，双方都陆续有战机被击落。

在这场空战中，盟军取得了最终胜利。但是，他们的损失却相当惨重：111 架歼击机被击落，将近 600 架轰炸机被击伤。而德国军队只损失了 300 架飞机。

这场可怕的战斗结束后，霍姆斯少校的战机侥幸得以平安返回基地，他下飞机的第一件事，就是向皇家空军统帅部递交了一份详细报告。报告中提到了他在战斗初期发现的神秘飞行"圆盘"。英国的军事专家和科学家们对报告的内容非常感兴趣，但是又迷惑不解，他们猜测，神秘的飞行"圆盘"可能是德国人研制出的新型秘密武器，因为飞行"圆盘"刚巧在德国飞机到来前 10 分钟出现。

然而，事情远没有这么简单。3 个月后，英国情报部门汇报说，奇怪的"圆盘"跟德国空军以及世界上任何一国的飞机都毫无关系，因为德军也曾以为这些"圆盘"是盟军派出来的。

1943 年 12 月 18 日，从 11 时 45 分起，德国设在黑尔戈兰岛以及汉堡、

美军情报部门早在 1942 年就开始对"二战"中的 UFO 进行调查。但是鉴于这些不速之客没有对美军构成太大的威胁，所以美军对这一调查并不十分积极。

维滕贝尔格和诺伊施特雷利茨市的雷达站相继发现一大群圆筒形物体以每小时 3000 千米的速度静静地从空中飞过。虽然德国空军拥有当时世界上飞行速度最快的飞机——时速 925 千米，但是，这一速度和"圆筒"的飞行速度相差甚远。德军指挥官们一想到这些魔鬼般的空中"圆筒"可能是盟军投入战斗的新武器时，心中就不寒而栗。

由此可见，德军也不知道这些神秘的"圆盘"或"圆筒"到底是什么。而更让军方担心的是，这些神秘的物体经常出现在德军和英军的军事基地，人们不知道它们的目的究竟是什么。

1944 年 9 月 29 日，德国最大的秘密试飞基地正在检验一架 Me－262 型飞机。在 1.2 万米高空，飞行员发现一艘奇特的飞船，这艘飞船呈纺锤形，没有机翼，但是有舷窗和金属天线。据德国飞行员估计，飞船长度超过 B－17 型飞机。这艘飞船以 2000 千米的时速从基地上方掠过，德国喷气式战斗机尽管超高速飞行，也没有能够截住它。这一事件，引起了德国军方的高度关注，德军将领认为这对将来德国的军事行动将构成重大影响。

无独有偶，在英国和美国也出现过类似事件。1944 年 11 月 23 日 22 时，美国空军第 9 军 415 大队的两架野马 P－51 型歼击机在美军设在英国南部的基地上空巡逻。突然，飞行员舒勒特和林格瓦尔德中尉惊慌地报告说，发现一个由 10 个明亮的大"圆盘"组成的飞行大队快速地掠过他们上空。两架野马式歼击机立即上仰，组成战斗队形想截住那些奇怪的"圆盘"。但尽管舒勒特和林格瓦尔德开足了马力，时速达 730 千米，两个飞行员仍觉得他们简直是在"圆盘"后面爬行。最后，他们不得不返回基地。

既然这些神秘的飞行物体不是战争双方的秘密武器，那么它们到底是什么呢？人们猜测，它们可能是来自外太空的不明飞行物——UFO。为此，各国军方都开始进行调查。

为了查证"二战"中的 UFO 事件，德国成立了"13 号专门小组"。这个小组拥有第一流的专家和最先进的仪器，而且还调用了先进的飞机中队配合调查。与此同时，英国皇家空军也成立了一个由许多科学家和航天工程师组成的专门小组——一个受过专门训练并配有英国最先进飞机的拦截大队。而美国也投入到了不明飞行物的调查中。

但是，在当时的环境下，军方封闭任何调查的线索。至于"二战"中是否真的出现了 UFO，人们可能只有在所有历史档案都解密之后才能知道。

奇异外星人栖身海底

千百年来，人们都认为人类是地球上唯一的智慧型动物，然而随着 UFO 事件的频繁发生以及人类对"外星人"研究的深入，人们对这一想法产生了怀疑。

1938 年，一群渔民正在爱沙尼亚的朱明达海滩上晒渔网。他们高兴地谈着各种打鱼的经历。忽然，其中一个渔民看到不远处的海中有一个从来没有见过的怪物。这个怪物长得有点像人，但与人又有明显的不同，他的嘴如同鸭子嘴一样扁平，而胸部却像蛤蟆。

这些渔民感到非常奇怪，其中几个胆大的准备靠近怪物，看看到底是什

人们不止一次在水下发现疑似"海底人"的怪物，其中就包括一种全身披满厚厚的绿色鳞甲，既像人又像蜥蜴的怪物，有人称其为"蜥蜴人"，有人则认为他就是"海底人"的一种。

么东西。那个怪物看有人靠近，便立即往海里跑。后面的渔民也跟着追，但是，始终没有追上。这个怪物猛地跳进了海里，消失得无影无踪。

据当时在场的渔民说，这个怪物跑得很快，在后面追的渔民都无法看清他的双脚。后来，人们发现他留在沙滩上的脚印，就像硕大无比的蛤蟆掌。

根据渔民的描述，人们推测这个怪物可能生活在海中，因为他的样子一半像人一半像鱼。因此，人们称之为"海底人"。

有关"海底人"的案例并不止这一个。

1968 年的一天，美国迈阿密城水下摄影师穆尼正在水下拍摄海底鱼类。突然，他看到了一个怪物。这个怪物的脸部像猴子，看上去好像有鳃囊；两眼像人但没有长睫毛，而且比人眼要大；两条前肢像猴子，但长满了光亮的鳞片，脚掌像鸭蹼。当时，那个怪物死死地盯着穆尼，吓得他心惊胆战。幸运的是，这个怪物并没有攻击穆尼，而是突然转身打开脚部的"推进器"飞快地游走了。

后来在接受采访的时候，穆尼说："我当时清楚地看见他足底有五个爪子，但我来不及把他拍下来，真是个大遗憾！"

1973 年，在大西洋斯特里海湾，船长丹德尔·莫尼在航行时也发现了一个水下怪物。据他介绍，这个怪物形状像一艘"船"，长约 40～50 米。当时，

很多人都听说过有关美人鱼的传闻，有人猜测，这些神奇的美人鱼可能就是"海底人"。

这个怪物正以每小时110~130千米的速度航行，并直奔丹德尔·莫尼的船而来。于是，丹德尔·莫尼立即下令船员做好防御准备，以抵挡怪物发起的进攻。然而，这个怪物并没有攻击他们的船，而是绕过这艘船，悄然离开了。

在这件事发生之后半年，北约组织和挪威的数十艘军舰在威恩克斯纳海湾又发现了一个被称为"幽灵潜水艇"的水下怪物。当军舰对这个怪物发起进攻时，他没有任何反应，而且没有任何受伤的迹象。当这个怪物浮出水面的时候，所有军舰上的雷达、无线电通讯装置全都失灵了，直到他消失后才恢复正常。

难道，浩瀚的大海深处真的存在海底人吗？他们到底从哪里来呢？为了解开这一谜团，科学家广泛搜集了有关海底人的资料，并进行了深入的调查和研究。

人们不仅多次目击海底人，而且还在海下发现过疑似海底城市的建筑。1958年，美国动物学家范伦坦博士来到巴哈马群岛进行观测研究。范伦坦博士是个深海潜水好手。在水下考察时，他在海底意外地发现了一些奇特的建筑。这些建筑是一些古怪的几何图形——正多边形、圆形、三角形、长方形，还有一些建筑组成了连绵数海里的笔直的线条。

后来，美国探险家特罗纳在巴哈马群岛海域也发现了一批奇特的建筑，这些建筑后来被称为"比密里水下建筑"。当时，人们猜测这些建筑是海底人用来采集石油和天然气的化工厂，也有人猜测这是海底人安置净化和淡化海水设备的场所，甚至还有人猜测这些建筑是海底人发电用的电磁网络设施。

此外，美国和英国的科学家还在大西洋约1000米的深海中发现了两座大型"金字塔"。这些"金字塔"像是用水晶玻璃建造的，其底座边长约100米，高约200米。于是，有人猜测，这些"金字塔"就是海底人居住的地方。

海底发现的这些神秘建筑进一步证实了关于海底人的猜测。如果地球上真的存在海底人，那么，他们到底是从哪里来的呢？

根据有关海底人的报道，以及在海底发现的神秘建筑群，一些科学家推测，这些海底人来自于外太空。首先，从外貌和体形上来说，他们与人类有很大的差异，而且他们喜欢生活在水里。其次，如果海底的神秘建筑群与这些海底人有关，那么他们一定有着高度发达的智商，而不是普通的鱼类或两栖动物。所以，他们很有可能是从外太空移居到地球的。

至于海底人为什么要移居到地球，科学家的说法不一。有些人认为他们为了寻找更适宜生存的环境而长居海底；另一些人则认为他们只是暂居地球，他们来到这里可能有着特殊的任务。这些猜测，使许多人对海底人有了更加浓厚的兴趣。

关于海底人的研究还在继续，随着科学的发展和调查的深入，相信谜底总有一天会被揭晓。

外星人衣食揭秘

在法国康塔尔省克萨客高原上，有一个名为克萨客的小镇。1967 年 8 月 29 日 10 时 30 分左右，在这个镇上的一个牧场里，十几头奶牛正悠然地吃着青草。13 岁的弗朗索瓦·德伯什一边看守这些奶牛，一边陪 9 岁的妹妹安娜·玛丽玩耍。忽然，玛丽指着半空向哥哥惊叫："哥哥，你看，那边飞的是什么东西？"德伯什顺着玛丽指的方向望去。顿时惊呆了：半空中竟然有一个圆形怪物在盘旋，并且一点点地向他们靠近。那个怪物的形状极像一个巨大的面包，只是上面还发出耀眼的白光，并伴随着刺耳的轰鸣声。

"危险！快跑！"眼看着那个不明飞行物向他们飞来，德伯什拉着妹妹向远方的树林跑去。但是玛丽没跑几步就摔倒在地上。德伯什害怕得顾不上玛丽，一个人急忙躲到一棵大树的背后，并探出半个脑袋察看动静。只见那个怪物伸出 3 条腿（实际上是支架），稳稳地停在草地上，随即一阵热风迎面扑来。离怪物只有二十几米的玛丽害怕极了，坐在地上不停地哭。

这时，怪物的上方开了一道门，3 名长相怪异的矮人从里面跳了出来。德伯什看到这 3 名矮人穿着银白色的连体衣，衣服上没有丝毫缝制的痕迹，也没有纽扣或口袋之类的东西，除了头部之外，矮人的身体都被这个连体衣包裹得严严实实。

3 名矮人向玛丽走了过去。德伯什很担心妹妹，但是他被吓坏了，也不知道该怎么救她。只见那 3 名矮人走到玛丽面前，把手中的一面"镜子"对准她照了一会儿。1 分钟后，那 3 个矮人就回到圆形怪物上，"嗖"的一声离开了。看到怪物离开后，德伯什赶紧跑到玛丽跟前，摇醒已经惊呆的玛丽。玛丽回过神来以后，大哭不止。

后来，德伯什把这件事情告诉了父母，他的父母起初以为他在撒谎。直到几个星期后，德伯什的父母看到了有关附近出现 UFO 的报道，才相信德伯什和玛丽真的遇到了外星人，并把这件事告诉了警方。

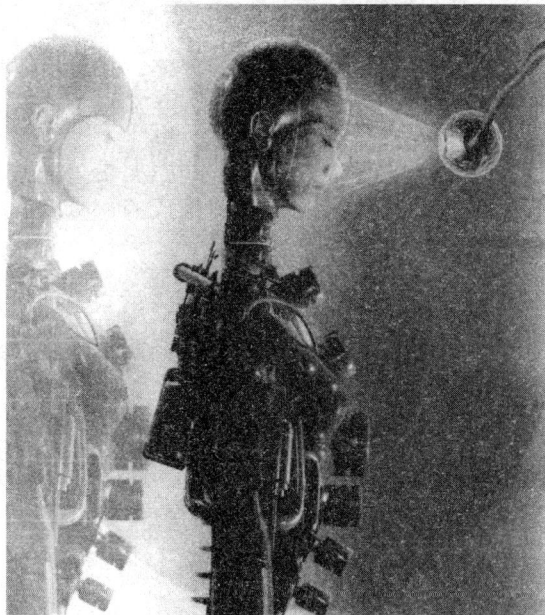

研究人员发现，有些外星人头上戴有一种类似头盔的装置。他们猜测，这个装置可能是一个自动语言翻译器，它可以帮助外星人与地球上的人交流。

根据德伯什的描述，警方认为他和妹妹见到的外星人与世界其他地方出现的外星人穿着非常相似，他们大都穿着光滑的连体衣，不同的是德伯什遇到的外星矮人把头露在了外面。

当然，外星人的穿戴并非只有这些，人们发现，他们的着装中还有许多不同寻常的配件。1957年10月16日，巴西圣弗朗西斯科河附近也出现了UFO，而且UFO内的外星人也走出了舱外。根据目击者的描述，这些外星人全身被连体衣包裹着，胸前都挂着一个金属十字架。1978年，人们在巴西又一次发现了外星人，这次外星人胸前挂着一个神秘的金属环。人们猜测，金属十字架和金属环可能是外星人的某种定位系统。

人们不仅对外星人的穿着好奇，对他们吃什么也很好奇。但目前来说，人类对外星人的饮食习惯知之甚少。人们遇到的类似例子也只有一个。

1961年4月，在美国威斯康星州，当地的一个居民看到一个外星人走下了飞碟。他向这个目击者走来，并做出喝水的样子。目击者明白后，便给他倒了一杯水。喝完水后，他回赠给目击者一块饼。后来，专家对这块饼进行了研究，结果表明，这些饼的成分是地球上没有的。

很多年以后，人们意外发现了外星人的尸体，并对尸体进行解剖。人们希望通过研究外星人的消化系统来获得更多有关外星人饮食习惯的信息。专家指出，外星人的消化系统不同于人类，他们的消化系统非常复杂。遗憾的是，专家不能判断外星人的消化系统是如何构成的，所以也无法推测外星人的食物究竟是什么。

虽然世界各地都经常出现有关 UFO 和外星人的报道，但是，外星人对于人类而言仍然是个谜。外星人为什么穿着奇装异服？外星人到底吃什么？这些问题只能随着科学的发展一点一点地被揭晓。

外星婴儿降落人间

1983 年 7 月 14 日晚上 8 点左右，一个火红的发光体突然出现在了位于咸海东侧的索诺夫卡村。这个发光体光芒四射，将群山和村庄全都照亮了。当时，索诺夫卡村村民们都看到了这个发光体发出的耀眼光芒，一个个惊得目瞪口呆。

几秒钟后，空中突然传来一声巨响，似乎是什么东西爆炸的声音，这个爆炸声震动了附近的山谷。天空中的红光也随之变成了紫色。

得到这一离奇事件的消息后，苏联边防军立即派出军队对边界进行严密监视。当晚，附近的伏龙芝市也出动了 3 架军用直升机进行搜查。直升机强大的探照灯将索诺夫卡村一带照得亮如白昼。直升机在空中发现，在索诺夫卡村一片空地上有一堆冒着烟火的残骸。于是，当地军方立即派陆上搜查队对这片空地进行仔细搜查。没多久，士兵们便在空地上找到了紧急着陆的一个不明飞行物和一堆仍然烫手的黑色灰烬。

这一消息引起了伏龙芝新闻界和军政当局的高度重视。苏联军队立即将索诺夫卡村和周围的山地封锁起来，进行详细调查。事发 24 小时后，有消息报道，在索诺夫卡村找到的不明飞行物和几个月前飞过苏联上空的一艘疑似宇宙飞船的东西十分相像。

7 月 15 日晚上 10 点，一支苏联部队进驻索诺夫卡村，并在该村东南 4 千米的一个山谷驻扎了下来。不久，他们又得到消息，一个牧羊人在草地周围又看到一个不明物体从空中掉了下来。两架直升机立即奉命赶往出事地点。

与此同时，附近军区的佐尔达什·埃马托夫上校也乘车赶到现场进行实地调查。佐尔达什上校在现场看见了一个椭圆形的金属物体。这个金属物体的长、宽、高均在 1.5 米左右。它的下部有短而粗的支架，上部有一扇紧闭着的门。军事专家经过测试，认为这个金属物体内没有炸弹。于是，佐尔达什上校下令打开这个金属物体的大门。大门刚一打开，只见一个婴儿躺在里

专家推测，外星婴儿降落到地球的原因可能有两种：一种是 UFO 意外失事，另一种是外星人故意把外星婴儿带到地球，看他们是否能够适应地球上的生活。但是，大多数人还是倾向于第一种原因。

面。他呼吸缓慢，似乎在熟睡。为了弄清楚这个婴儿的来历，军方把婴儿连同这个金属物体一同抬到了位于伏龙芝的研究中心。

研究人员仔细检查后发现，这个婴儿长得像地球人，但是跟地球人也有明显的不同。他的手指和脚趾之间有蹼，而且眼睛是紫色的。X 光透视结果显示，这个婴儿的肌肤结构与正常人一样，但是心脏特别大。此外，他的大脑活动比地球上的成人还频繁。

一位看护这个婴儿的护士介绍说："这个婴儿可能有 1 岁的样子，体长 0.66 米，体重 11.5 千克。他没有头发、眉毛和睫毛，好像没有长眼皮。他不哭也不笑，但很聪明，在给他换衣服时，他能够配合得很好。他最感兴趣的是一个闪光铝片制成的机械玩具，也许是因为这个玩具像他所乘坐的飞船吧。"

此后不久，军方发言人对新闻记者介绍说："种种迹象表明，这个婴儿是个外星婴儿，是一架失事的 UFO 在紧急时刻释放出来的，那个承载婴儿的金属物体十分平稳地着陆了。我们认为这个金属物体是一个太空急救系统，所以孩子没有受伤。"

发现外星婴儿的消息引起了全世界的关注，人们希望从这个婴儿身上了解更多有关外星人的资料。但是，不幸的是，他在降临地球一年后就突然发病死去了，给我们留下了许多疑问。

后来，在巴西，人们又一次发现了外星婴儿。那是在 1988 年 7 月 14 日，人类学家波顿·史皮拉在巴西的原始森林里发现了"一个被遗弃的外星婴儿"。据波顿·史皮拉介绍，这个外星婴儿年龄在 14 ~ 16 个月，他与人类婴儿有点相似，但是，他的耳朵呈尖角形，双眼无色，而且鼻子像管子。据说，这个婴儿后来被带到阿诺里市以南的一个军事机构接受研究。至于研究结果如何，我们还无从知晓。

关于外星婴儿的报道还有很多，人们对此的说法也各不一样。有人认为这些事件纯属捏造；有人则认为，既然世界上有许多关于 UFO 的报道，那么由于某种原因导致外星婴儿降落人间，也不是没有可能。如果有一天，你也发现了一个外星婴儿，你会作何反应呢？

诡异的 UFO 活体实验

　　神秘的海底建筑、UFO 残骸、外星婴儿，这些越来越多的线索使我们逐渐认识了外星人。然而，让许多人感到意外的是，外星人也在以他们的方式悄悄地调查着人类世界……

　　1967 年 9 月 9 日，在美国科罗拉多州阿拉蒙镇的金格牧场内，人们发现了一匹惨遭屠杀的马。马的尸体惨不忍睹，从肩部起肌肉连皮被削掉，人们一眼就可以清楚地看到暴露在外的、血肉模糊的头骨和颈骨。更让人感到奇怪的是，尽管杀马的手法残忍，但是附近却没有留下一滴血。尸体下方有黑如焦油般的物体黏着，周围散发着一股刺鼻的药水味。调查人员还发现，在尸体附近的 100 米外的地面，有许多烧焦的凹痕。

　　从现场搜集的资料来看，警方无法判断凶手是如何杀害这匹马的。那么，这匹马到底是怎么死的？周围奇怪的焦痕到底是怎么回事呢？

　　1967 年 9 月 16 日，法医路易斯夫妇与金格牧场的人再度对牧场附近进行调查。在这次调查中，路易斯夫人在草丛中发现了一小块有马毛附着的肉，而且她惊奇地发现从这块肉里流出的竟然是绿色的浆液。当她的手不小心粘到了一点绿色的浆液时，她疼痛难忍，手一下子肿了起来。路易斯夫人连忙赶回牧场，把伤口用热水冲洗了一番，这才止痛。

　　1967 年 9 月 23 日，森林保护局的杜安·玛奇用仪器检测了金格牧场内被烧焦的土地样本。结果发现，这个样本中含有辐射能，而且含量很高。这一发现，使这个杀马事件更加扑朔迷离。

　　当调查陷入僵局的时候，一些有关阿拉蒙镇附近发现 UFO 的报道引起了调查人员的注意。原来，杀马事件发生前后，相继有人在天空中发现 UFO。调查人员猜测，杀马事件可能与 UFO 有关。

　　后来，一件类似的屠杀事件使人们有了新的线索。一天早上，牧场主赫尔曼先生在自己的牧场中发现一头牛惨遭屠杀。调查人员立即展开调查。在

曾经有人声称被外星人带离了地球，在一个奇特的实验室里接受过实验。这会是真的吗？

调查过程中，警方竟然幸运地找到了一名目击者。

这名目击者名叫山姆。据他介绍，当时大约深夜 2 点，他正急着到外面小便。当他转入后屋时，被眼前的场景惊呆了。在大约 100 米的空中悬浮着一架直径大约 30 米的 UFO，UFO 下方有一头牛，这头牛好像被一条无形的绳索吊着一般，逐渐脱离地面，向 UFO 飞去。

山姆急忙躲在一个隐蔽的地方，悄悄地抬头看着。只见 3 名长相奇特、穿着银色衣服的外星人从 UFO 中走了出来。他们围着牛，其中一个外星人一只手拿着金属筒，另一只手按着牛的屁股。牛像被催眠了一样，一动也不动。外星人用力将金属筒深深地刺入牛的体内，再抽出来，然后慢慢地走回飞碟。这时，牛已经倒在了地上。

听了山姆的陈述，一些人猜测，外星人可能在用地球上的牲畜做实验，所以这些牲畜才会无辜惨死。他们相信山姆的话，因为他对有关家畜被屠杀的种种现象和相关知识几乎一无所知，所以不可能凭空捏造诸如牛被吊起来、用金属筒从牛的尾部刺入这样异想天开的情节。可以说，这个目击者似乎给今天我们认为不可理解的现象提供了解答。当然，也有一些人反对这种说法，他们认为山姆的话并不可信。

外星人为什么要进行活体实验呢？目前唯一的解释是外星人希望更多地了解人类世界，至于这个原因背后的真正目的，我们就不得而知了。

揭秘外星人的"定身术"

　　英里斯是法国瓦朗索尔镇的一名41岁的农场主,他在瓦朗索尔镇开了一家熏衣草香精提炼厂。在工厂附近,他曾与外星人有过一次近距离接触。

　　1965年7月1日清晨,太阳刚刚升起。英里斯就驾着拖拉机到熏衣草地去耕地。工作了一会儿,他觉得有点累了,于是将拖拉机停在乱石堆附近,自己在乱石堆后面休息。正当英里斯准备掏出香烟点火的时候,他忽然听到从熏衣草地里传来尖利的声音,听起来好像是钢锯锯金属时发出的"咝咝"声。这个奇怪的声音立即引起了英里斯的注意,他透过乱石堆屏障向熏衣草地看去,只见80米以外的地方停着一个物体。

　　起初,英里斯以为这个物体是一架临时降落的直升机,但是,他再仔细一看,又感觉好像是一辆某品牌的轿车。因为那个物体不像飞机那样有机翼,

在有些电影里,外星人只要把手中的武器对准人类一射击,人类就一动不动了。

而且呈圆形，大小和轿车差不多。

英里斯心想："这车怎么停在这里呢？这车里的人不会就是前几天偷花的贼吧？"于是，他没有点烟，就站了起来，偷偷地向这辆"车"走了过去，他打算捉住这些小偷。当英里斯走到薰衣草地的时候，他惊奇地发现这个物体并不是一辆车，更不是直升机，而是一个椭圆形的"圆球"，而且在"圆球"下还站着两个长相奇特的人。

在好奇心的驱使下，英里斯一步步地靠近这个"圆球"。眼看自己离这个"圆球"只有几十米远了，英里斯开始仔细打量"圆球"下的两个人。他发现，这两个人很矮小，可是脑袋很大，脸形和普通人完全不同。他们站在草地上，似乎正在盯着薰衣草看。突然，英里斯意识到他们不是地球人，可能是外星人。他们身边的"圆球"没准就是外太空的飞行器。

在距离外星人只有五六米远的时候，英里斯觉得其中一个外星人看到了自己，因为那个外星人把头转向了英里斯，死死地盯着他。英里斯开始害怕了，但是不知道该怎么办。这时，那个发现英里斯的外星人慢慢地伸出了一只手，英里斯这才发现，他手里拿着一根管子。那个外星人已经把管子对准了英里斯。

就在一瞬间，英里斯觉得自己全身像"瘫痪"了一样，无法动弹。但奇

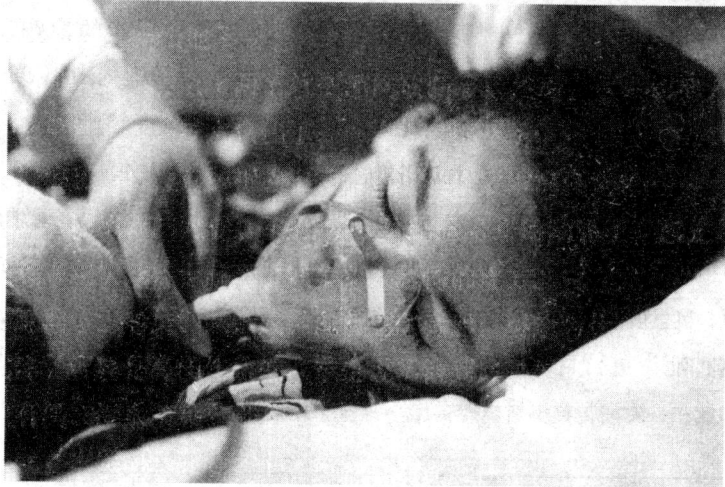

美国的一项研究表明，见过外星人的人都患有"睡眠瘫痪症"，患了这种病的人不仅极度嗜睡，而且经常处于半睡半醒的状态。英里斯就是这种病症的患者之一。

怪的是，他一点也没有麻木的感觉。英里斯更加害怕起来，他觉得自己好像被"定身"了。之后，他看到那个拿着管子的外星人把管子收了回去，并转身和旁边的外星人交谈了几句。随后，这两个外星人抬起两双手，转眼间就飞进了"圆球"。不久，"圆球"发出了低沉的声音，然后缓慢地飘了起来。当"圆球"上升到离地面 1 米左右的位置时，它的垂直支架也慢慢地收了起来。最后，这个"圆球"骤然加快了速度，朝着西南方向飞去。英里斯又一次惊呆了，因为"圆球"的速度比喷气式飞机快了好几倍。

"瘫痪"状态下的英里斯逐渐回过神来，他意识到这些外星人的确是飞走了。他仍然被"定"在原地，既不能动，也不能说话。英里斯开始绝望了，如果没有人经过的话，他可能就要死在这里了。然而，幸运的是，大约一刻钟之后，英里斯觉得自己居然渐渐可以动了。先是双手。然后是四肢，英里斯终于可以活动自如了。

他顿时感到十分轻松，随后急忙走过去查看"圆球"降落的地方，他发现草地上有明显的擦痕。

后来，英里斯把这件事报告了警方。警方派专人来到熏衣草地查看。调查人员提取了草地上的土样回去检验。检验结果显示，"圆球"着陆点的土地含钙量明显比别的地方高。他们猜测这些钙可能是被电离出来的。

除了对现场进行调查外，医生还立即给英里斯做了全面的检查。在检查中，医生并没有发现任何异常的情况，英里斯的生理指数一切正常。但是，奇怪的是，这件事情发生之后的第四天，英里斯开始极度嗜睡，这一症状延续了好几个月才恢复正常。医生对此也找不出合理的解释。

此后，在美国和加拿大也发生了类似的事件，外星人的目击者被一种神秘的力量"定"在了原地，在那些外星人离开的时候，他们才能动弹。

根据以上这些事例，人们推测，"定身术"是外星人的特异功能之一。他们利用这种能力进行自我保护，而这种奇异的防御能力也客观上保住了目击者的性命。

不怕枪击的外星人

1955年8月21日，在美国肯塔基州克利城郊的一个小农庄里，发生了一件匪夷所思的事情，人类向外星人开枪后，外星人竟然安然无恙。这是怎么回事呢？

当天晚上大约7点，农场主萨顿和他的家人刚吃完晚餐。萨顿的11个孩子正在客厅里嬉戏，而萨顿则在摆弄着自己的盆栽。这时，萨顿的朋友泰勒匆匆忙忙地赶来。

"萨顿，你知道我看到了什么吗？太不可思议了，我竟然看到了一个闪着亮光的飞碟。"泰勒上气不接下气地说。"开什么玩笑，你一定是眼花了，那肯定是流星！"萨顿对此不以为然，继续摆弄着他的盆栽。泰勒好像又想说什么，但是看到萨顿似乎并不相信他的话，也就不做声了。

半小时后，萨顿突然听到家里的狗不停地叫。不一会儿，他看到狗夹着尾巴跑进屋里躲了起来。萨顿觉得很奇怪，他叫上泰勒，走到院子里，察看究竟是什么把狗吓成这样。突然，他们发现一个奇怪的发光体从田里走了过来，逐渐向他们靠近。当亮光走近的时候，他们清楚地看到，那是一个与人类长相不同的生命体：这个生命体不到1米，脑袋又大又圆；眼睛像铜铃那么大，而且发出黄色的光；双臂很长，几乎垂到了地上，手掌也很大；整个身体好像是由银色金属制成的。

萨顿和泰勒看到这样的怪物，顿时惊呆了。他们急忙跑回屋里，拿出了家里的枪，并在门口埋伏起来。当那个怪物距离大门仅6米时，萨顿和泰勒一齐开枪。枪响之后，那个怪物往后退了一步，停顿了一下，然后离开了。萨顿和泰勒长舒了一口气。但是，事情并没有结束，他们又看到了一个同样的怪物——也许就是以前的那个，他们也无法确定，只见那个怪物在玻璃窗外向屋里窥视。萨顿和泰勒急忙对准玻璃窗，扣动扳机，可那个怪物又消失不见了。

深夜，外星人可能在人类的家门口窥视或者直接潜入人类
的家，他们如此明目张胆地到来，也许是因为我们人类没有什
么有效的武器可以对付他们。

他们确信子弹击中了那个怪物，于是去寻找尸体。然而，当他们来到院子里时。第三个怪物又出现了，就站在院子里的一棵树上。萨顿和泰勒立即朝他开枪。枪声一响，那个怪物就从树上掉了下来，飘落到地面上，然后飞快地走了。很快，第四个怪物从屋顶上飘落下来，并直奔萨顿和泰勒而来，他们又开了枪。但是，与之前一样，他们本以为射中了那个怪物，可是那个怪物还是安然无恙地跑开了。萨顿和泰勒惊恐地意识到，这些怪物好像在跟他们玩捉迷藏，而他们手上的枪却对这些怪物一点威胁也没有。

由于这些怪物并没有做出伤害他们的举动，所以萨顿和泰勒停止了开枪。有意思的是，这些怪物看到萨顿和泰勒放弃了抵抗，也就神秘地消失了。这时已经是夜里11点了，萨顿和泰勒仍然感到不安，于是迅速到附近的霍普金斯维尔警察局报了案。

一个半小时后，警方派人来到了萨顿的家，开始进行详细的调查。警方对房屋、院子和周围的建筑物进行了彻底的搜查，结果却一无所获。

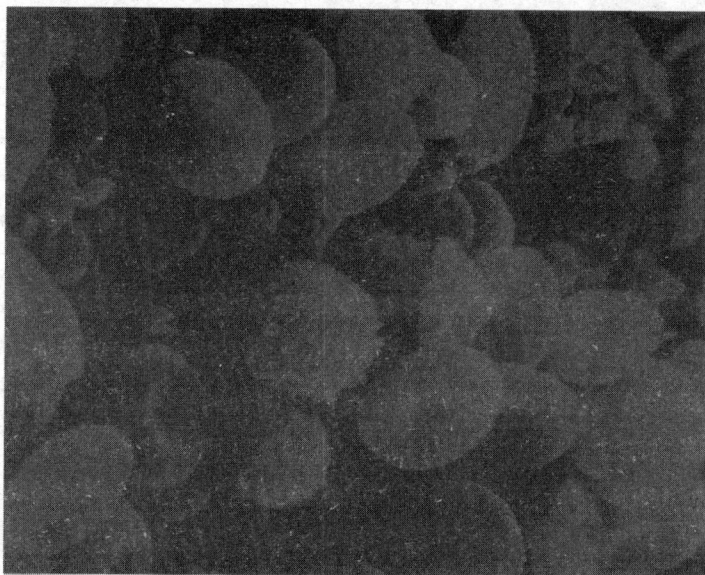

根据医生的分析，伊纳西欧之所以会患上白血病，很有可能
是因为外星人发射的绿光中含有大量的放射线，使伊纳西欧的血
液发生了癌变。

后来，人们猜测，这些怪物可能是外星人，他们身体上可能穿有防弹衣，
或者他们本身就不怕子弹，所以才能在萨顿和泰勒的射击下安然无恙地逃脱，
而且没有留下任何痕迹。

类似的枪击事件在巴西也发生过，但是，这次的当事人就不像泰勒和萨
顿这么幸运儿。

1967 年 8 月 13 日，农场经理伊纳西欧悠闲地开车载着妻子玛利亚和 5 个
孩子到附近的森林去野餐。一家人其乐融融地玩了一个下午。大约午后 4 点，
当伊纳西欧一家刚到农场的时候，他们惊奇地发现，家门口停着一个巨大的
物体。这个物体直径超过 30 米，形状像倒置的洗面台。更令人吃惊的是，在
伊纳西欧的家与这个巨大物体的中间，有 3 个长得有点像人的怪物在来回
走动。

伊纳西欧完全不相信有关 UFO 的传闻，所以他根本没想到那 3 个怪物是
外星人，他只把他们当成流浪汉之类的非法入侵者。为了驱逐他们，伊纳西
欧把妻子和孩子藏到了安全的地方。他自己则拿着枪悄悄地朝那 3 个怪物走
去。当他走到离怪物只有五六米远的时候，他扣动了扳机，一连射了好几发

子弹。然而，让他意想不到的是，那 3 个怪物被射中后竟安然无恙，只是把目光聚焦在了伊纳西欧身上。伊纳西欧有些害怕了，但是他壮着胆又开了几枪。那 3 个怪物依然没有受伤，但显然被激怒了。其中一个怪物向伊纳西欧发出了一道绿光，径直射中了伊纳西欧的胸部，他立即倒下了。

等这些怪物离开之后，伊纳西欧立即被妻子送往医院。经过诊断，伊纳西欧胸口的确有灼伤，更不幸的是，医生告诉伊纳西欧，他患上了白血病。不久，伊纳西欧就离开了人世。

科学家认为，伊纳西欧的案件又一次证明，人类的射击对外星人没有任何作用。科学家通过对现场的勘察发现，即使目击者确信已经射中了外星人，但是，在外星人所站的位置附近没有发现任何子弹壳，或者血迹之类的痕迹。由此可以判断，枪械之类的武器不能对外星人的生命构成威胁。

恐怖的海上坟墓

马尾藻海位于大西洋中部、巴哈马群岛东北部、北纬20°~35°、西经40°~75°，它紧邻著名的百慕大海域。在航海家们的眼中，马尾藻海是"海上荒漠"和"船只的坟墓"。在这片空旷而死寂的海域，几乎捕捞不到任何可以食用的鱼类，海龟和偶尔出现的鲸鱼似乎是仅存的动物，此外就是那些单细胞的水藻。人们都说，马尾藻海是一个巨大的陷阱，经过这里的船只会不知不觉地掉入这个陷阱，无法逃脱，最终剩下的只有水手的皑皑白骨和船只的残骸。

1922年，一艘美国货轮在途经马尾藻海的时候神秘失踪，人们至今没有找到这艘货轮的任何线索。1924年6月，年轻的生物学家比尔夫妇到马尾藻海考察，他们计划2个月后返回，但是3个月过去了，他们还是没有回来。搜救人员在马尾藻海附近进行了大范围的搜索，但是一无所获。比尔夫妇到底去了哪里？他们是否真的葬身在了马尾藻海？这些都是一个谜。

到底是什么使马尾藻海如此恐怖？也许亨利·巴库福特的经历能给我们一点线索。

1926年7月，英国航海爱好者、大学生亨利·巴库福特和5位伙伴在暑

根据航海人的经验，越是波澜不惊的海面，越可能出现意想不到的危险。马尾藻海就属于这样的海域，那里终年无风，海面出奇的平静，令人窒息。

根据科学家的分析，失事船只可能由于螺旋桨被海藻缠住，导致无法航行，直至沉没。

假里驾驶一艘帆船横跨大西洋，前往美国。不久，巴库福特的帆船就驶入了马尾藻海。此时水平如镜，一片寂静。随着帆船逐渐深入这片海域，巴库福特一行人闻到了一股令人掩鼻的腥臭味。他们感到有些恐惧，希望赶快离开这片海域，但是不知道为什么，无论他们怎么努力，帆船仍然只能缓慢地航行。

夜里，巴库福特独自伫立在甲板上，看着静悄悄的四周，独自思考着如何能够加快航行的速度。忽然，他发现有两三条蛇一样的物体弯曲着躯体，悄无声息地爬上了甲板。巴库福特顿时又闻到了更加刺鼻的腥臭味，不禁大叫一声："啊！什么玩意儿！真恶心。"他低头看去，在黑暗中那些蛇似的东西正越来越近地向他身边爬来。巴库福特猛地弯下腰，从甲板上捡起一根短棒，用力对准"蛇"的头部狠狠打了过去……打了一会儿，那条"蛇"似乎不动了，巴库福特这才急忙回到船舱中。

第二天天亮，当巴库福特再次和同伴来到甲板上时，他们仔细一看，前一天晚上的"蛇"竟然是几根像章鱼脚那样的、长着一个个吸盘的海藻。他们看着这些海藻，不禁觉得脊背上一阵阵发凉。这里怎么会有这么大的海藻？这些海藻怎么会爬到船上？这些疑问使他们越来越害怕。

为了确保安全，巴库福特对同伴说："这样下去不是办法，我们一定要加快速度。"说完，他就让同伴再次试试给帆船加速，但是，就在这时，帆船突然不动了，无论他们用什么方法，帆船就是无法移动。巴库福特知道如果再不离开这里，他们可能就有生命危险，他果断地决定弃掉帆船，带上水和食物，乘救生小船，划桨冲出去。于是，6个人一起跳上备用的小船，大家手握船桨，向海藻稀薄的地方拼命划去。

到了第三天，海藻逐渐减少，海面显得开阔起来。到了黄昏时分，他们终于划出了马尾藻海。不久，一艘正好经过的美国货船发现了他们。巴库福特和他的同伴终于得救了。

根据亨利·巴库福特一行人的经历，人们猜测马尾藻海上的真正杀手就是这些神秘的海藻——马尾藻。美国生物学家威廉·比勃博士曾率领探险船"阿科尔"号，对马尾藻海进行科学调查。经过研究和分析，他认为马尾藻是当地土生土长的独特的海洋生物，它属于大型藻类，是唯一能在开阔水域上自主生长的藻类。而且，这些藻类生长十分迅速，马尾藻海几乎到处都是这样的海藻。此外，这些藻类身上有无数的小气囊，这些气囊可以使海藻漂浮在海面上。

根据以上结论，人们推测，在马尾藻海遇难的船只很可能在航行的过程中被马尾藻缠绕，无法正常航行，最终沉入马尾藻海。而马尾藻之所以能够爬上船，可能与其特殊的气囊结构有关。至于这里的马尾藻为什么能够如此疯狂地生长，目前并没有一个明确的答案。马尾藻海神秘依旧。

水上"火影"

　　水火不相容，这是人们早已熟知的。可是，自然界却有水上起火的奇观。这种奇异的现象，一直被人们视为自然之谜。

　　巴哈马群岛位于佛罗里达海峡口外的北大西洋上。其中，大巴哈马岛位于巴哈马群岛的北端，西距美国佛罗里达半岛约96千米。在大巴哈马岛上有一个奇特的火湖。每当夜幕降临，微风吹过湖面，湖面上便泛起千万点火花，鱼儿跃出水面，荧光闪闪、满身带火。当人们在湖上泛舟时，轻轻摇摆的船桨会激起无数的火星，船后还会拖出一条火路。

海洋中存在大量发光的生物，包括水螅、水母、鞭毛虫，以及一些甲类、多毛类的小动物。这些发光的生物可以使海面发出巨大的亮光。

如果说火湖令人称奇，那么能喷火的河更让人叫绝。在我国江苏省丰县宋楼乡子午河一段长 30 多米、宽 20 多米的水域曾经就发生过喷火事件。在 1987 年 9 月 13 日傍晚至 9 月 16 日黄昏这段时间里，这片水域不断喷射高出水面达 4～5 米的耀眼火花，并伴有"呼呼"的声响，犹如五彩缤纷的节日焰火。不幸的是，在喷火的过程中，附近的鱼和青蛙纷纷死亡。

最让人匪夷所思的是海上的通天大火。1976 年 6 月的一天，法国气象工作者从气象卫星上接收到奇怪的彩色照片。根据照片显示，在大西洋亚速尔群岛的西南方海面上，一排排山峰般的巨浪上燃烧着通天大火，这一景象使人惊叹不已。

无独有偶，1977 年 11 月 9 日，印度东南部安得拉邦马得里斯海湾附近的海域里，突然刮起一阵飓风，接着海浪咆哮，海面上骤然燃起了一片通天大火，火光映照周围数十千米，目击者无不目瞪口呆。这次大火持续了 20 天之久，燃烧的海水通红、沸腾，景色壮观，令人惊心动魄。

水上的火是怎样产生的呢？经过科学家的研究，有些原因已经初步探叫。大巴哈马岛上的火湖之所以火花闪闪，是因为湖里生长着大量会发荧光的细菌。这种荧光极其微弱，只有在夜里才能看到。

带有能量的电子流在与空气接触时，就会激发空气中的气体分子
活跃起来，产生光亮。而岩石在爆炸性碎裂时就会释放这种电子流，
所以有科学家认为，海上的起火现象可能是岩石爆裂而发出的光。

这些发光细菌都生活在热带和温带海洋中。在河口咸、淡水混合之处，在冷、暖水交界的海区，有机物质最为丰富，因而海洋发光细菌在这里能大量生长、繁殖。它们不仅自由地生活在海水中，而且也寄生、共生或腐生在鱼、虾、贝等海洋生物体上，使生物体发光。

这些发光细菌的体内，有一种荧光素和荧光酶。荧光酶是一种生物催化剂，在它的催化下，荧光素和氧气结合，生成氧化荧光素，其化学反应所产生的能量以光的形式释放出来，因而这些细菌就发出了光。这些发光细菌使海水和生物体发光多半是由机械刺激（如海浪冲击、鱼儿跃出水面等）引起。这就是为什么船桨划水后会荧光闪闪，鱼儿跃出水面会满身带火。这就是大巴哈马岛火湖着火的真正原因。

然而，水面上的喷火现象和海面上的通天大火却不是由于发光细菌的原因，因为水里附着细菌的鱼无论如何也无法跃至 4～5 米的高度，而且细菌发的光也不可能引起通天的火光。那么，这两种现象又是怎么形成的呢？

有关专家推测，在河流的地层深处，可能贮藏着大量的天然气，由于地层的变动，导致天然气外泄，又由于地心热力超过了天然气的燃点，以至于天然气自动燃烧，从而形成高达 4～5 米的喷火奇观。当然，这只是人们的一种猜测。

至于海水燃烧的原因则可能更加复杂。印度科学家和苏联科学家经过研究认为，当飓风以每小时 280 千米的高速在海面上疾驰的时候，会激起滔天的巨浪，风与海水发生高速摩擦，从而产生巨大的能量，使水分子中的氢原子和氧原子分离，在飓风中电荷的作用下，这些原子发生了爆炸和燃烧，再加上空气的助燃，海面上便燃起了熊熊大火。如果这一假说成立，那么人们就可以利用高速摩擦的手段使水分子分解为可以燃烧的物质，从而开发新的能源。

但是，美国一些科学家对海上起火事件有另外一种看法。不久前，美国学者对柱形的花岗岩、玄武岩、大理岩等多种岩石试样进行破裂试验。结果发现，当压力足够大时，这些试样便会爆炸性地碎裂，并在几毫米内释放一股电子流，激发周围的气体分子发出微弱的光亮。在实验中，他们还注意到，如果把样品放在水中，则碎裂时产生的电子流，也能使水面发出亮光。所以，他们认为，海面上的起火现象可能是岩石爆裂而发出的光。

究竟哪种说法是正确的，或者说还有其他的原因，这些我们都不得而知。无论真正原因是什么，我们都希望，在研究这一现象的过程中我们能够在海洋中找到新的能源，为人类造福。

夺命龙三角

1955 年，日本政府派出一艘渔业监视船"锡比约丸"号前往位于以北纬 25°、东经 142°为中心的"龙三角"海区执行调查任务。然而，没有想到的是，"锡比约丸"号不仅没有完成任务，而且在 10 天以后，突然间同陆上导航站失去联系，从此不知去向。

其实，在龙三角地区失事的船只不止"锡比约丸"号一艘。据日本海上保安厅航行安全科调查，仅在 1953～1972 年间，就有 161 艘大小船只在龙三角神秘失踪。

1979 年 5 月，一艘菲律宾货轮"海松"号正由中国南海驶向菲律宾马尼拉。突然，马尼拉南港海岸自卫队收到一个紧急呼救信号——"海松"号在中国台湾以南、菲律宾吕宋岛以北海域遇难，这正是在龙三角附近。信号来得十分紧迫，船上的人甚至来不及报告遇难原因，信号就中断了。搜寻小组火速赶往出事海域进行紧急救援。但是，经多方搜寻，不仅 25 名船员踪迹全无，就连上千吨的货轮也没有留下半点残迹。

1980 年 9 月 8 日，"德拜夏尔"号装载着 15 万吨铁矿石，来到了距离日本冲绳海岸约 360 千米的地方。这艘相当于泰坦尼克号两倍的巨轮，船体长度超过 3 个足球场，设计从头到尾堪称完美。"德拜夏尔"号在海上已经服役了 4 年，当时正是它机械状况最为理想的时期。驻足在这艘轮船的甲板上，任何乘客都会感到非常安全。

但是，干练的水手皮特却并不轻松。每次他休假回家的时候，总会很自然地谈论起他所在的轮船"德拜夏尔"号。从皮特的口气可以听出，他一点也不喜欢这艘轮船。用皮特的话说，他总觉得这艘船上一定会发生意想不到的事情。而且，这艘船上几乎所有的水手都有同样的不祥预感。

可是，为了筹集足够的婚礼费用，皮特不得不再次乘"德拜夏尔"号出海，那时他只有 19 岁，但这场婚礼最终没有如期举行。因为就在 9 月 9 日那

一些驶向龙三角海域的飞机神秘失踪，科学家猜测龙三角和
百慕大三角一样，可能存在磁异常现象或者神秘黑洞。

天，这艘船及全体船员在龙三角附近全部失踪了。

在龙三角附近不仅有海难，还有空难。曾有一架日本 HK－8 侦察机在龙三角上空失踪。当时，这架侦察机正在硫磺岛附近执行任务。忽然，飞行员传回了十分惊人的讯息："天空发生了怪事……天空打开了……"说到这里，电讯突然中断。此后，这架飞机就与地面失去联络，机上全部人员也随之消失得无影无踪。

连续不断的灾难激起了人们的好奇心。究竟是什么力量将船只卷入海底，人员无一生还？那些飞机为什么会不留痕迹，凭空消失？究竟是什么力量将水手们推向了死亡？龙三角海域到底隐藏着多少秘密？

为此，科学家开始用不同的方法去探索龙三角海域之谜。日本海洋科技中心向海底投放了一些深海探测器。科学家们发现：在龙三角西部海域，岩浆活动频繁，随时都可能冲破薄弱的地壳。这种事情发生时毫无先兆，其威力之大足够穿透海面，从而影响海上船只的正常航行。而且，这些活跃的岩浆转瞬之间又可平息下来，不留任何痕迹。专家还怀疑，龙三角附近有神秘的引力漩涡，飞机和船只进入后，通讯设备就会失灵。此外，每当海底发生地震时，就会导致海啸的发生。海啸引发的巨浪时速可以达到 800 千米以上，这是任何坚固的船只都经受不起的。如果在海啸发生时又正好赶上飓风，那

当海上刮起飓风时，惊涛拍岸，无情的涌浪猛烈地扑打着海上的船只，使其无法正常航行，这些狂涛怒浪极有可能是"德拜夏尔"号海难的罪魁祸首。

么遇难者别说自救，就连呼救的时间可能都没有了。

为了更深入地了解龙三角，很多科学家不惧风险，亲自到龙三角考察。

在他们的努力下，终于在那片神秘海域的海底找到了失事已久的巨轮"德拜夏尔"号的残骸。通过对这艘巨轮的残骸进行分析，科学家们发现导致巨轮沉没的原因是船体解体。

科学家认为，"德拜夏尔"号可能遇上了飓风，无法逃脱。并且飓风所造成的海浪波长与船身长度几乎相等，所以当下降到波谷，船身随即又会被推入下一波巨浪。随后，一波又一波的巨浪完全困住了它。大型船舶最怕的就是涌浪，即那种横向滚动的海浪，它可以很高，把船头和船尾同时举起，这样船身就会被托出水面，然后缺乏支撑的船身很有可能从中间断裂。随后一个个船舱开始进水，最后整艘船都处于下沉状态。这时对整艘船而言，已经回天无术了。船员们没有任何逃生机会，他们根本没有时间放下救生艇逃生，他们只能无助地祈祷这艘船能够挺过去。但是最多 10 分钟之后，船员们就已经彻底明白这次是在劫难逃。无情的涌浪将"德拜夏尔"号撕成三截，并且在它下沉时，把它挤压变形。

至于其他船只和飞机的遇难原因，研究人员还没有给出准确的答案。是不是还有其他更神秘的原因使龙三角成为恐怖的海上墓地，还有待人们进一步去研究。

迷雾笼罩的骷髅海岸

在非洲纳米布沙漠和大西洋之间，明媚的阳光下有一片美丽而荒凉的海岸。这条海岸长约 500 千米，海岸上是一大片斑驳的金色沙丘，这片沙丘从大西洋向东北延伸到内陆的沙砾平原。沙丘的沙粒在烈日的照耀下闪闪发光，沙丘旁的岩石间不时出现奇妙的蜃景。然而，这条美丽的海岸却不是旅游胜地，而是被人们称为"骷髅海岸"的魔鬼海域。在这条海岸周围，人们总能看到皑皑的白骨。

1933 年，瑞士飞行员诺尔驾驶飞机从开普敦飞往伦敦，他与地面的导航站一直保持着密切的联系。然而，没过多久，联系突然中断了。地面导航站一次又一次地呼叫诺尔，但是没有任何回音。地面导航站的工作人员发现，诺尔的飞机当时正好在骷髅海岸附近。之后，这架飞机再也没有出现。警方迅速展开了紧急的搜救工作，但时至今日，仍然没有找到飞机的残骸以及诺尔的尸体。

在骷髅海岸附近，海难比空难更加频繁。

荒凉的骷髅海岸人迹罕至，越来越多的飞机和航船在这里离奇失踪，不断发生的悲剧让骷髅海岸变得更加诡异而神秘。

在骷髅海岸的岸边，大浪拍打着缓斜的沙滩，把一些遇难船只
的残骸冲上岸边。此外，海岸附近还经常发现遇难者的尸体和遗物。

1942 年的一天，"邓尼丁星"号载着 85 位乘客和 21 名船员正在海上航行，船上的乘客都陶醉在美丽的大海风光之中。然而，当"邓尼丁星"号行驶到库内内河以南 40 千米处时，忽然大雾弥漫，狂风骤起，海浪一波又一波地袭来。船上的乘客惊慌起来，四处逃窜。随着一声雷鸣般的巨响，"邓尼丁星"号开始下沉。

得知"邓尼丁星"号失事的消息后，地面搜救人员立即展开了搜救工作。因为救援的地方正好靠近骷髅海岸，海上的浓雾和周围恶劣的地理环境给救援增添了难度。为了保障救援工作的顺利进行，救援机构共派出了两支陆路探险队，他们从纳米比亚的温得和克出发，进行拉网式搜索。此外，救援小组还出动了 3 架救援飞机和几艘救援船。即便如此，救援工作还是遇到了意想不到的事情，一艘救援船在搜寻幸存者的过程中突然遇到了大风和浓雾天气，救援船在航行过程中不幸触礁，3 名船员遇难。经过近 4 个星期的搜救，救援人员才找到所有遇难者的尸体和生还的船员与乘客，并把他们安全地送回目的地。经过救援，45 名乘客，包括 3 名婴儿幸免于难。

人们发现，越靠近骷髅海岸，遭遇似乎就越悲惨。

1943 年，一批大胆的探险者登上了这条海岸。他们在沙滩上发现了 12 具无头骸骨横卧在一起，这些骸骨附近还有一具儿童骸骨。这些骸骨半埋在海滩上，经受着风吹日晒。此时，探险者们感到登陆骷髅海岸似乎是一个错误的决定。在离这些骸骨不远的地方，他们还发现了一块破损的石板，石板上面歪歪斜斜地刻着一段话："我正向北走，前往96千米处的一条河边。如果有人看到这段话，照我说的方向走，神会帮助你。"这段话刻于1860年。探险者看到这段话后，越来越觉得恐惧，他们不知道继续向前走会遇到什么危险，于是便匆忙地按原路返航了。

有关骷髅海岸的一桩桩悲剧，使人们对这里充满了恐惧，谈之色变。瑞典生物学家安迪生一提到这条海岸，就不寒而栗。他表示："我宁愿死也不要流落到这样的地方。"

为此，我们不禁要问：船只为什么在骷髅海岸频繁失事？骷髅海岸为什么有这么多骷髅？

科学家针对这一问题推测，这可能是当地特殊的地理和气候环境造成的，8级大风、令人毛骨悚然的海雾和深海里参差不齐的暗礁，使得这片海岸笼罩着浓厚的恐怖色彩。

当船只在骷髅海岸附近航行的时候，如果遇到狂风四起、大雾弥漫的天气，船只就很难把握航线。再加上骷髅海岸附近布满了大大小小的暗礁，船只一旦触礁，那么沉船就在所难免。

当幸免于难的人进入骷髅海岸时，他们的生命又要经受严峻的考验，因为他们必须面对烈日的暴晒和缺少水源的现实。在海岸南部，连绵不断的内陆山脉是河流的发源地，但是这些河流往往还没有进入大海就已经干涸了。这些干透了的河床就像沙漠中荒凉的车道，一直延伸到被沙丘吞噬为止。

此外，海岸上的大风和沙浪也能将人瞬间吞没。纳米比亚布须曼族猎人称这种风为"苏乌帕瓦"。"苏乌帕瓦"吹来时，沙丘表面向下塌陷，沙粒彼此剧烈摩擦，发出令人心惊胆战的咆哮，犹如张开大口的猛兽，随时等待人们陷落其中。

然而，以上这些情景只是科学家根据骷髅海岸的地貌资料做出的想象和推测，至于是否有其他原因导致沉船，还有待于进一步研究。而飞机为什么经常在骷髅海岸失事，则更是一个谜。目前为止，还没有一个人对骷髅海岸做全面而详细的调查。它留给我们更多的还是无限的恐惧。

磁力魔区变形记

在美国俄勒冈州格兰特山岭和沙甸之间有一个神秘的魔法森林，到过这里的人，经常会被森林中那不可思议的景象吓得目瞪口呆。

在这个神秘森林的上空，你看不到一只小鸟。因为鸟儿一旦飞过森林上空，就会失去方向，不由自主地扑腾起来，好像有一种力量拽住了它的划膀，使它往下坠。如果你骑马来到这个森林附近，马儿一接近这里就会驻足不前，甚至惊恐万分地向后退。

进入森林中，你会惊奇地发现，所有树木都奇怪地向着森林中心倾斜，没有一棵是直立的，和别处悠然自得地朝天伸展的树木形成鲜明的对比。森林中心是高高的树丛，树丛里的树叶也都不往高处生长，而是统一地朝着一个倾斜的角度生长。树丛中间是一片空旷的草地，走过草地，你会看到草地边有一个低低的山丘以及一座如意大利比萨斜塔般倾斜的古老木屋。

这座木屋矗立在距山丘顶端约 10 米处，它在很早以前是个金矿办公室。据当地人说，以前，金矿的工作人员经常在这间小木屋里称沙金。但是，到1890 年以后，金矿的工作人员发现，无论怎样称，都无法把沙金称准，秤好像中了邪一样，左右摇摆。没过多久，这座木屋就废弃了。

更让人奇怪的是，这座小木屋原来建在山丘的顶端，可是，随着时间的推移，这座木屋竟然不知不觉移动了位置。人们一踏进木屋，就犹如身处另一个世界。身子好像被无形的绳索拽着，向前倾倒，倾斜角度达 10°左右。如果人们想往后退，离开那座木屋，就会觉得有一种力量把自己往回拉。在木屋里，棋子、空玻璃瓶、小球等物品稍微被推动一下，它们就会奇妙地沿着斜面从低处滚向高处，而绝不会后退半寸。

这座如意大利比萨斜塔般歪斜的古旧木屋到底为何如此诡异呢？许多科学家为了一探究竟，曾在屋内进行过多次试验。

一般来说，地球上的人是无法感觉到地球自转产生的磁场效
应的。可是，在木屋附近，人们却能明显地感受到磁场的巨大威
力。俄勒冈的磁力圈与地球磁场之间是否存在某种神秘的关系呢？

科学家用一条铁链连着一个 13 千克重的钢球，并把它吊在木屋的梁架
上，只见钢球明显倾斜成一个角度，朝向某个中心。你可以轻易地把钢球推
向这个中心，但要把它推向外却很难。科学家还发现，在这座木屋里，任何
成群飘浮着的物体都会聚成漩涡状。在小屋里吸烟，上升的烟气即使在有风
的情况下也是慢慢地飘动，逐渐加速自转成漩涡状。把纸张撕成碎片散掷在
空中，碎片就在空中飞舞成漩涡，就好像有人在空中搅拌纸片似的。

经过反复实验，科学家得出结论，在这里，有一个直径约为 50 米的神秘
漩涡，在这个漩涡的作用下，一切物体都朝这个漩涡中心倾斜。科学家用仪
器对这个漩涡进行检测，发现这个漩涡里有不可思议的磁力圈。但是，这个
磁力圈不是固定不动的，而是以 9 天为一周期，循着圆形轨道移动。

在世界上还有一些地方有类似"俄勒冈漩涡"的现象。在美国加利福尼
亚州圣克鲁斯市附近也有块异常地带，飞机从这一地带的上空飞过，所有表
盘的指示器都会瞬间失灵。这里生长的树木都朝同一方向倾斜。自从这片神
秘的土地在 1940 年被发现之后，不少游客和科学家都涌来参观和研究。而
且，这里也有一个倾斜欲倒的小屋，进屋的人似乎都克服了地心引力而倾斜
站立，有人甚至倾斜 45°而不会倒下。在这里，正常的人会感到头晕且难以

适应。

由此可见，神秘的磁力圈现象确实存在。我们知道，地球上存在磁场，地球上的磁场是地球在自转过程中产生的。但是，由于居住在地球上的人相对静止于地球表面，随地球一同转动，所以地球上的人是无法感觉到地球自转产生的磁场效应的。可是，在俄勒冈，人们却能清楚地感受到磁场的巨大威力，这到底是为什么呢？这里的磁力圈与地球磁场有什么关系呢？

科学家对此有不同的猜测，比较普遍的观点认为，磁力圈是重磁异常造成的，即强大的重力转变为磁力，而强大的磁力又导致重力异常。

然而，这种重力和磁力之间的转化又是如何形成的呢？这还有待于人们进一步研究。

"布罗肯幽灵" 魅影之谜

在德国有个古老传说，4 月 30 日夜里，德国各地，乃至全欧洲的巫师、大小妖魔鬼怪，都会飞赴德国中部哈茨山的布罗肯峰，参加魔鬼的宴会。因为在这一天，布罗肯峰上会出现一种神奇的光芒，光芒中间还有魔鬼之主撒旦的影子，这种光芒被称为"布罗肯幽灵"。

其实，"布罗肯幽灵"不仅仅是个传说。很久以前，有一支德国登山队在攀登布罗肯峰时，就发现了山中的奇异景象。当时，一名最先登上布罗肯峰的队员在云雾缭绕的山间，忽然看到了惊人的一幕：在前下方的云雾里，站立着一个身形伟岸的巨人，巨人的头部四周环绕着七彩光环。其他队员顺着他指的方向也看到了同样的景象。这时，一个胆大的队员对着巨人挥拳跺脚，大喊大叫，想把巨人赶走。但是，那个巨人也对着他挥拳跺脚，一点也不怕他！而且，山上的人移动的时候，巨人也跟着移动。

"上帝呀！这是怎么回事？难道是我们惊动了山中的幽灵？"有些队员担

在峨眉山的金顶，人们经常可以看到如同佛祖显灵一般的奇异光圈。

心地说道，"上帝保佑！上帝保佑！"他们在胸前画着十字。随后，他们为了保证安全，匆匆地离开了刚刚登上的顶峰。

类似的事件发生过许多次，人们不能解释清楚这是怎么回事，所以都认为，这就是传说中的"布罗肯幽灵"。然而，奇怪的是，不仅在布罗肯峰，在我国的峨眉山同样出现过神秘光影，只是在那里，人们称之为"佛光"，认为这是佛祖显灵。

1982年6月的一天，一位姓张的老奶奶一路烧香磕头，艰难地登上了峨眉山金顶。她登上金顶以后，感觉好像到了天上，心里有一种超脱的平静感。"阿弥陀佛！阿弥陀佛！"老奶奶默念着，对着东方虔诚地朝拜。突然，当老奶奶望向前方的云雾时，她看到前方有一个七彩的光环，光环中似乎有个人影。

"佛光！佛光！"老奶奶喊了一声。顿时，人群沸腾了，其他人也闻声看到了佛光。人们跳跃着，欢呼着，虔诚地对着佛光许愿。

难道佛光真的是佛祖显灵吗？"布罗肯幽灵"和峨眉山的佛光到底是怎么形成的呢？为了解释这一现象，中外科学家做了多方面的观察和研究，最终得出了科学的解释。"布罗肯幽灵"和峨眉山的佛光与鬼怪、神佛无关，它只是一种光学现象。"布罗肯幽灵"或佛光同虹、霞、晕、幻日以及林冠华（森林中林冠上出现的一种彩色光环）等一样，都是太阳光射入云雾后，经过云雾中的冰晶或水滴的反射、折射和衍射等复杂的光学作用后产生的。其实"布罗肯幽灵"或佛光的出现并不罕见，只要具备相关的条件，就可以看见。

"布罗肯幽灵"或佛光呈现时所需的客观条件比较简单，只要有光源和云雾，观测者介入光源和云雾中间，三者位于一条直线上，观测者就有可能看到彩色的光环在云雾中显现。这个光环中，红光圈在外，紫光圈在里，具体排列从外到内依次是红、橙、黄、绿、青、蓝、紫。彩色光环中间的"幽灵"或"佛影"其实就是观测者自己的影子。用光学的知识解释，就是光源发出的光（通常为太阳光）从观测者身后射来，在穿过前后两个薄层的云雾滴时，前一个云雾滴层对入射阳光产生分光作用，后一个云雾滴层则对被分离出的彩色光产生反射作用。反射光向太阳一侧散开或汇聚，任一个迎着那些汇聚而来的光的观察者（即站在太阳和云雾之间的人），都可见到略有差异的环形彩色光像，这就是"布罗肯幽灵"或佛光。

深埋地下的"世外桃源"

当我们为神奇的太空、灿烂的人类文明惊叹的时候，也许不会料到，在深邃的地下，也存在着不为人知的秘密，其中之一就是神秘的"地下王国"。北极探险家巴特少将说，他曾驾驶着飞机莫名其妙地飞入了地球的内部，并看见了许多奇异的植物、美丽的湖泊和各种各样在地面早已绝迹的动物。自20世纪以来，有关"地下王国"的发现一直没有间断。

1904年，一名叫布朗的采矿者在美国加利福尼亚卡斯特山脉中，发现一处类似巨人居住的人工地道。洞穴中有用巨大铜锁锁住的巨大房舍，墙壁间有黄金铸成的盾和从未见过的物品，墙壁上还画着奇怪的图画和文字。

第二次世界大战期间，美国陆军士兵希伯在和入侵缅甸的日军战斗时，与战友失散。他在森林中迷路，很久都没有走出去。有一天，希伯无意中发现一处被巨石掩盖的洞口。他冒险进入洞内，竟然发现里面被人工光源照得亮如白昼，只见洞内建筑林立，俨然是一处庞大的地下城市。希伯正看得入迷时，突然被几个长相怪异的人抓住，并关了起来，而且一关就是4年。后来，希伯抓住一个机会逃了出来。据他回忆，这个"地下王国"通向地面的隧道有7条，隧道的出口分布在世界其他一些地方。

这些惊人的发现，让人们不得不面对一个问题，也许地球的内部真的存在某些我们不知道的地方，这些地方就是所谓的"地下王国"。为了揭开这个谜团，人们一直做着探索和尝试。

1942年3月的一天，美国的罗斯福总统在百忙中抽出时间，会见了刚刚从墨西哥的恰帕斯州进行考古研究归来的戴维·拉姆和他的妻子。因为拉姆夫妇在一年前就接受罗斯福总统的任务——到墨西哥寻找"阿加尔塔"（即"地下王国"）。拉姆夫妇带回来一个惊人的消息：他们发现了传说中守卫墨西哥地下隧道的蓝白皮肤的印第安人。

原来，拉姆夫妇接受使命以后，便率领一支美国考察队前往墨西哥的恰

根据目前的计算，地球现有的质量约 5.98×10^{24} 千克，如果地球内部不是空的。而是存在"地下王国"，那么地球的质量恐怕就远不止此。

帕斯丛林。当他们横穿密林时，遇到了把守地下长廊入口的皮肤呈蓝白色的印第安人，并发现了有关"地下王国"的线索。但是这些印第安人在密林中发现了拉姆夫妇一行人后，就立即包围了他们，严厉示意考察队立刻离开，不许再前进一步。与拉姆夫妇随行的印第安人向导随即上前与他们搭话，才知道这些蓝白皮肤的印第安人是玛雅人的后裔，是印第安族的一个分支。他们居住在密林中，与世隔绝，世世代代守护着密林深处的圣地——地下长廊。由于这些印第安人的坚决抵抗，考察队不得不返回，但是他们坚信"地下王国"的存在，而且认为人类总有一天，可以找到这个神秘的地下长廊。

如果这些"地下王国"或地下长廊的确存在，它们又是谁建造的呢？

随着科学技术的进步，人类对地球的了解越来越深入，对"地下王国"这样的神奇之地也有了一定的认识。一些考古学家和人类学家认为，"地下王国"可能是亚特兰蒂斯人的杰作。他们指出，在远古文明的后期，亚特兰蒂斯人意识到来自天外的或地下的灾难将毁灭他们的文明，于是便事先开凿了地下长廊。长廊分别通向美、非两洲。灾难发生时，亚特兰蒂斯人经过长廊逃往非洲和美洲，也有一部分人就一直生活在长廊中。

但是，也有一些科学家对这一假说持反对意见。他们认为，如果"地下王国"的确存在，那么它们的建造者一定是掌握着高于人类的科学技术，否则很难造出如此庞大和奇特的"地下王国"。于是，他们指出"地下王国"的建造者应该是外星人。

"地下王国"之说，引发了科学界的一场大争论，结果如何，我们将拭目以待。

听命湖的 "呼风唤雨" 之术

在我国古典文学名著《水浒传》中，入云龙公孙胜能腾云驾雾、呼风唤雨，他的这种本领让人艳羡不已。然而，令人难以置信的是，在我国云南竟然就有可以 "呼风唤雨" 的人。

很多年以前，有一个以采药为生的当地人。一天，他深入高黎贡山寻找草药，山路布满荆棘，他用一把砍刀开路。这个人走了一天，他又累又渴，于是走到湖边休息，灌了几口水。当时正值盛夏，山中一点风都没有，已经大汗淋漓的他一时兴起，就对着湖喊道："太热了，要是能有点风就好了!" 浑厚的喊声震荡山林。

结果，意想不到的事情发生了。

山中真的开始刮风了，微风拂面，这个人觉得很舒服。随后，这风越刮越大，整个山林都随风摇摆，"呼呼" 的巨响此起彼伏。此时，湖面的上方突然乌云密布、雷电交加，天空也暗了下来，不一会儿就下起了倾盆大雨。

这个人觉得很奇怪，心想："难道天神听到了我的祈求，让这片湖为我刮风降雨?" 他回家后把自己遇到的怪事告诉了其他人。人们对他的话半信半疑，便纷纷来到这座湖边大喊。无论他们喊刮风，还是喊下雨，最后都能应验。这样，他们都相信了，并把这个能够根据人的命令刮风下雨的湖命名为 "听命湖"。有关听命湖的传闻越传越广。

后来，当地旅游部门的工作人员连同记者组织了一个探险队，决定进山一探究竟。天快黑的时候，探险队一行人终于来到了 "听命湖" 边，他们准备第二天就体验一下这片湖的魔力。

第二天清晨，天气晴朗，万里无云，丝毫没有要下雨的征兆。探险队员站在湖边，用力地大声呼喊，山谷里不时传来呼喊的回声。但是，探险队员嗓子都要喊哑了，也没有下一滴雨。

难道这听命湖的故事是假的吗? 就在探险队员万分惆怅的时候，奇迹发生了。喊声刚刚停下没多久，人们就看见湖对面的山冈缺口处飘来了一团云雾，这团云雾慢慢涌来，笼罩在湖面上。大约过了 10 分钟，天空中果然飘起了蒙蒙细雨。探险队员被这一景象惊呆了。

难道站在听命湖边果真就能"呼风唤雨"吗？如果不是，这些云和雨又是怎么形成的呢？

从科学角度来说，普通的下雨需要满足 3 个条件：充足的水汽、足够的凝结核和上升的气流，这 3 个条件缺一不可。

我们平常见到的雨，是这样形成的：首先要有一块充满水汽的云飘过来，然后云遇到一股气流，使云不停地运动；云内部的水汽在运动中遇到灰尘之类的凝结核，在高空低温的状态下形成小小的冰晶；这些冰晶不断碰撞、长大，最后云层托不住了，冰晶就掉下来，变成液态的水珠，形成降雨。即使是人工降雨，也是利用了这一原理。

在云南高黎贡山区，空气湿润，山里常年云雾缭绕，这样就满足了下雨所需要的条件之一：充足的水汽。但是，在听命湖中，气流又是如何上升的呢？水汽又是如何凝结的呢？

通过反复实验，专家终于弄清楚了其中的原因。

古往今来，人们都希望像小说中的神仙一样能"呼风唤雨"，但是，人人都知道，除了借助人工降雨，这个愿望是无法实现的。然而，在云南的一个神秘湖泊附近，"呼风唤雨"竟然成为可能。

专家认为，听命湖深处云南怒江大峡谷旁的高黎贡山区，是怒江大峡谷附近的独特自然环境，赋予了听命湖"呼风唤雨"的能力。

原来，在听命湖边，人们大喊的时候，发出的声波在一定程度上搅动了相对稳定的空气，从而使湖面产生上升气流，这种声波的搅动在这里起到了一种使云层加速运动的促发作用。在这一过程中，水汽凝结。

既然声波可以引起空气对流，那么是不是在我国南方的很多湿润地区，不论海拔高低、不论城市乡村，只要人们喊上几句，都能像听命湖附近一样产生"呼风唤雨"的效果呢？

答案是否定的。在人类活动较多的地区，有太多复杂因素影响着天气。在一些多云的天气里，虽然云层很低，但是我们发出的声音也不足以引起下雨，这是因为我们平常所处的环境并没有处在下雨与不下雨的临界状态。

而在听命湖，由于地处低纬度高海拔的山区，这里常年云雾缭绕，雨量丰沛，即使不喊，山区也是常年雨水不断，局部气象一直保持在一种不稳定的临界状态。也就是说，由于听命湖附近水汽饱和，这种饱和的水汽一旦受到影响，就会发生变化。量变积累到一定程度，就达到质变。因而我们在湖边大喊，就能够影响气流的变化，从而形成阵雨。

这就是听命湖能够"呼风唤雨"的奥秘所在，如果有兴趣，你可以去亲自体验一下，感受大自然的神奇。

令人称奇的"失重"怪坡

俗话说："下坡容易上坡难。"然而，在我国河南省汝州市北9千米处的"姊妹怪坡"却是"下坡如逆水行舟，上坡如顺风扬帆"，而且这里雨后水往高处流，似乎牛顿的"万有引力定律"在这里丝毫不起作用。

1996年的一天，一辆运送货物的汽车途经"姊妹怪坡"。在下坡时，汽车出现了故障，司机急忙跳下车，找来两块大石头支住汽车的两个前轮，防止汽车下滑。随后，他便到附近的村庄找人帮忙。等司机带着前来帮忙的村民回来的时候，他惊奇地发现，汽车竟然沿着上坡的方向后退了10多米。在场的所有人都觉得不可思议。

住在附近的薛龙须听说了"怪坡"的消息，便想通过骑自行车来亲自体验一下"怪坡"的"魔力"，看是不是像人们说的那样神奇。于是，薛龙须在"怪坡"最低处跨上自行车，他正准备用力蹬的时候，自行车却自己跑起来，而且越跑越快，他一会就来到坡上。

上坡真是不费一点力气，于是他打算再试一下下坡。薛龙须掉转车头，向坡下骑去，谁知下坡的时候却需要用力蹬，而且越向下越需要力气。等他骑到坡下的时候，已经大汗淋漓，气喘吁吁。

不久，薛龙须的经历就传开了，"怪坡"的事情越传越远，不少人慕名前来参观。后来，人们发现了更奇怪的事情。

每次"怪坡"附近下雨的时候，堆积的雨水不是随着"怪坡"从上往下流，而是从下往上流。一次，在下雨后的第三天，人们发现，在"怪坡"的最高处可以看到一处一丈见方的淤泥。该处淤泥所在位置微凹，显然是积水所致。但是，雨后一直是晴天，别处已十分干燥，这里却依然湿漉漉的。很显然，下雨的时候"怪坡"的最高处一定堆积了大量的雨水。人们都认为，这些雨水是从坡下流过来的。

专家指出，一般情况下，山坡的地势走向都会与坡旁的马路一致，人们往往以马路为参照来判断上坡和下坡。但这有时是不准的。以汝州"怪坡"两侧的马路为例，马路从"坡底"两侧起始，呈45°倾斜上去，这样让人感觉"坡底"很低，而"坡顶"则比较高而突兀。

"怪坡"上发生的这种种奇事到底是怎么造成的？众人皆知的"万有引力定律"要被推翻了吗？

为了揭开"怪坡"现象之谜，河南省地矿局的工作人员对"怪坡"进行了详细的勘探。他们经过分析和研究认为，"怪坡"现象应该只是视觉误差造成的。

据资料记载，在我国辽宁省本溪市同样存在类似的"怪坡"。该"怪坡"位于本桓公路115.4千米到115.7千米处，大约有300米长。当人们从坡上骑车到坡下时，也是觉得十分吃力。测量人员指出，115.7千米和115.4千米处的相对高差为8.922米，人们从视觉上的"坡顶"走到"坡底"时，其实是在走"上坡路"。而人们之所以认为这是"下坡路"，是因为本桓公路盘绕在山间，受山体走势的影响，人们在参照山脊、山坡和公路时产生错觉，把上坡路看成了下坡路。

根据本溪"怪坡"的例子，地矿局的工作人员仔细观察了汝州"怪坡"的地势，发现大有玄机：从其所处的整个大环境来说，其北约500米处有半环状大槐山依靠，其南下行一二百米则为平地，而两侧为种满绿树的山沟。"怪坡"所处的位置似乎是一个逐渐低缓的山梁余脉。坡的整体环境应该是北面高，南面低。

但是，"怪坡"两端的地势却给人相反的感觉："怪坡"本来是南北走向，但从视觉上看，其北端为"坡底"，南端为"坡顶"。"坡底"背靠的是一个一两米高的土丘，落差十分明显，使人感觉"坡底"很低，"坡顶"特别高。这种视觉上的误差，使人们把"上坡"当成了"下坡"，"下坡"当成了"上坡"。因此，就出现了上述那些离奇的现象。

"冬热夏冷"之地的真相

　　众所周知,冬天冷、夏天热,但是,你是否听说过冬天热、夏天冷的地方呢?在我国辽宁省东部的桓仁满族自治县,就有这样一个神奇的地方。

　　在19世纪末的一个夏天,桓仁满族自治县沙尖子镇的农民任洪福在堆砌房北头的护坡时,偶然注意到,扒开表土的岩石空隙里不断冒出阵阵寒气,他感到非常惊讶。当时,任洪福就在冒气强烈的这段护坡底角,用石块垒成了长宽各约半米、深不到1米的小洞。

　　盛夏时节,外面烈日炎炎,这个小洞中却如同寒冬。如果在洞口放上鸡蛋,没过多久鸡蛋就会被冻破壳;如果在洞内放上1杯热水,不到1个小时,这杯热水就会变成冰块。每当夏季下雨的时候,雨水流入洞内的石缝中,就会冻成一根根水柱。人站在洞口六七米外,只需一两分钟就会冻得全身发抖。如此寒冷的夏季冰洞,让人不得不称奇。

　　据说,1946年的一个夏天,一名国民党军官曾将大汗淋漓的战马拴在洞口附近的树桩上。第二天早晨,当这名军官再去牵马的时候,这匹马已冻倒在地上,不能动弹了。

在冰天雪地的寒冬之季,有的角落竟然炎热似火。

地球一面自转，一面绕太阳公转。在这一过程中，地球表面气温也随之不断变化，这是影响地球表面气温的主要原因。但是，专家认为，由于部分地区的自然地理条件有其特殊性，所以不可避免地出现了"冬热夏冷"的神奇气象。

后来，经过测量，夏季小洞内的平均温度仅 -2℃，石缝的温度更低，只有 -15℃。这个小洞的离奇之处，不仅在于夏天寒冷无比，而且在于冬天温暖如春。

立秋以后，小洞外部的地温不断降低，而内部的地温反而由冷趋暖。到了严冬腊月，野外冰封雪冻、寒风凛冽，各种草木都纷纷枯萎、凋零。但在小洞里，却是热气腾腾、温暖如春。而且，小洞附近也有如小洞一样暖和的地方。在任家附近的山冈上，凡是冒气的地方，整个冬春始终存不住冰雪。

无独有偶，在河南省林州市石板岩乡西北部的太行山半山腰上，有一个海拔 1500 米，被称为"冰脊背"的地方，也是"冬热夏冷"之地。在这里，阳春三月开始结冰，冰期长达 5 个月。到了寒冬腊月，这里热气如蒸，从乱石下溢出的泉水温暖宜人，小溪两岸的奇花异草嫩绿鲜艳。

一般来说，冬冷夏热是季节变换的普遍规律。而像桓仁满族自治县沙尖子镇和河南省林州市石板岩乡这样冷热颠倒的地方却打破了这一规律。这到底是为什么呢？相关专家曾多次派人到这些"冬热夏冷"的地方进行实地考察，并就其成因开展学术讨论。

有人认为，这些地方地下可能有庞大的储气构造和特殊的保温层，能使地下储存大量的空气，使地下的温度变化比地面慢得多。冬季，冷空气不断进入储气构造，可以一直保温到夏季才慢慢放出来；而夏季进入的热空气又直至冬季才慢慢释放出来。

也有人说，由于特殊的地质条件，这些地方的地下可能有一冷一热两条重叠的储气带。这两条重叠的储气带始终同时释放冷热气流。遇到寒冷季节时，冷气不为人发觉，而热气则容易察觉；遇到暑热季节时，热气不为人发觉，而冷气则变得明显。

还有人猜测，大概这些地方地下的庞大储气带上有一些方向不同且会自动开闭的天然阀门，冬天呼进冷气，放出热气；夏天吸进热气，放出冷气。

至于答案究竟是什么，这还有待于专家的进一步研究。也许正因为这些"冬热夏冷"之地刚刚撩开神秘的面纱，还没有袒露深处的秘密，所以它们才更显神秘。

迷失"八卦村"

夜色下荒无人烟的村落、断壁残垣的房屋、九曲回肠的小路……这些，仿佛是恐怖片中常有的情节。2005年11月的一天，罗雪琼和肖海斌这一对情侣误入了这样一个村庄，它位于广东省翁源县附近。在这里，他们迷失了方向，展开了一段惊心动魄的寻路之旅。

罗雪琼和肖海斌无意间走进这个村庄。村庄内幽静的小路和风格独特的房屋很快吸引了他们的注意。但奇怪的是，这个村庄四周静悄悄的，不见一个人。村里的房屋不是大门紧锁，就是屋子里空荡荡的，甚至有的房屋已经坍塌，只剩下残垣断壁……这难道是一个废弃的村庄吗？这种荒无人烟的氛围让罗雪琼和肖海斌渐渐感觉到有点不对劲。

正当他们准备离开的时候，一件奇怪的事情发生了。走了半个小时，他们不但没有走出去，而且又回到了原点。罗雪琼和肖海斌惊奇地发现，村子里的路径非常诡异，有的地方虽然看起来没有路，可是转过一座房屋，一条路就会意想不到地出现在眼前；有时候明明是一条宽宽的主路，其实却是一条死胡同。就这样，他们在村子里兜开了圈子。

进村的时候是下午3点，经过一段时间的折腾，已经到了傍晚时分，他们越来越着急，如果不尽快找到出路，就会被困在这个村子里面。这时候，肖海斌有了一个主意，他决定和罗雪琼分开找路，以节省时间。

可是，他们分开没多久，就走散了。他们只好拼命地喊对方，以确定对方的位置。但这样似乎也不容易，因为有时明明呼叫的声音近在耳边，却又无法见到对方的身影。就这样，他们在村子里七绕八绕，走了将近半个小时，才在一个拐角处汇合。

这里究竟是什么地方？为什么村子里竟然没有一个人？为什么他们总是走不出去？恐惧渐渐地袭上他们的心头，他们已经觉得走投无路了。但是，在片刻的绝望之后，肖海斌又想出了一个主意。

我国八卦起源于原始宗教的占卜，用"一"代表阳，用"－－"代表阴，这些符号组成了 8 种基本的图形。八卦中包涵着丰富的变化规律，所以后人经常用八卦来布阵，以迷惑敌人。

肖海斌带有指针的手表可以当成指南针用，如果手表的时针指的是准确的当地时间，用时针对准太阳的方向，时针与 12 点之间夹角的角平分线所指的方向就是正南。于是，他们开始循着正南的方向找路，但是刚转过一个路口，两个人很快又发现，这一招在这个村庄里根本没有用。村子里的小路几乎没有一条是正南或是正北走向的，而且岔路非常多。不一会儿，两个人又转向了。

天色渐渐暗下来，两个人彻底地绝望了，白天尚且无法找到出路，夜里就更不可能了，所以他们决定先在村里住一晚，第二天再找出路。

第二天早上 6 点不到，天色就已经大亮了。突然间，罗雪琼仿佛听到了什么声音，马上被惊醒。好像是有人来找他们了！他们兴奋地朝声音的方向大喊，最后，终于呼来救兵，获救了。

那么，肖海滨和罗雪琼迷路的那个村子到底是什么地方呢？原来，这个村庄地处翁源县江尾镇，名字叫偲茅村，当地人称它为"八卦图"。这个村子已有 500 多年的历史。当年，为了抵御外敌的侵犯，村民们采用中国古老的八卦形式构建了整个村庄的布局，村子一共有 4 座门，四周是高大坚固的围墙。整个村庄占地面积达 1.6 万平方米，共有 1653 间房，外墙全部用鹅卵石和混有糯米汤的黏土筑成，非常坚固。99 条街巷也都用鹅卵石铺成，就是这些房屋和小径构成了"迷魂阵"。外人进了村，如果没有村民引导，根本无法找到外出之路。

可是，这个古村里为什么没有人居住呢？据了解，为了重新修缮这个村庄，村民们已经迁出了村子。不过，村党支部书记每天早晨都要来村里巡视一番，以防外人陷于村中。正是这种例行的巡视及时地救了肖海滨和罗雪琼。

有数百年历史的"八卦村"果然名不虚传，它又一次证明了中国八卦迷阵的威力。

北京城中轴线里的玄机

北京城有条著名的中轴线，它南起永定门中心点，北抵钟楼的中心点，全长近7.8千米。北京城其他建筑都以这条中轴线为中心，形成东西对称的格局。在我国古代，之所以建立这条中轴线，是为了强调封建帝王的中心地位。然而，当测绘学家拍摄北京城中轴线的时候，却意外发现了一个奇怪的事情。

几年前，中国测绘科学研究院研究员夔中羽想用自己制作的相机拍一张北京的全景鸟瞰图。经过考虑，他决定从空中对着北京城南的北京中轴线拍摄。为了规划拍摄计划，夔中羽选择了办公室里的一张很大的航空影像图。航空影像图是航空摄影的相片经过处理后镶嵌起来的一种俯视图。面对高清晰的图像，夔中羽仔细选择了一个拍摄点，于是他开始关注北京城中那条直通南北的中轴线。

在紫禁城内居住的历代君王都认为自己所处之地坐北朝南，与天地相接，也许他们没想到，自己身处之地并非正位。

　　但是，在这次拍摄过程中，夔中羽却有了一个意外的发现。经过对拍摄照片的仔细比对，他发现：北京城的中轴线并不是和子午线完全吻合的。所谓子午线，就是经线，也就是地球仪上人为划分的连接南北两极的线。如果北京的中轴线并不是和子午线完全吻合，那就意味着它不是指向正南、正北的，换句话说，元、明、清三代皇帝的宝座有可能都是歪的，北京城并不是人们认为的那样，是一座正南正北的城市。

　　这到底是怎么回事？难道夔中羽的测量方法有偏差吗？

　　为了保证结论的准确性，夔中羽找出了北京的卫星影像图，发现在卫星影像图上，这条中轴线也是偏的。后来，他又买了很多版本的北京市地图，其中包括北京交通游览图，以及各种大比例尺、小比例尺的北京地图集，他发现这些地图上的中轴线都是偏的。

　　之后，夔中羽还决定对中轴线的南端起点永定门进行一次实地测量。为了尽量避免误差，夔中羽邀请了国家测绘局的工作人员和他一起进行实地测量。他们根据世界时分区、当地时差和当日时差等多种因素推算，确定了太阳经过永定门正午的时间。然后才开始进行精密的测量。测量结果显示，北京中轴线的确偏离了子午线。

　　有些学者认为，中轴线偏离子午线可能与天文现象有关。由于地球的自转等原因，可能导致地球上的经度和纬度产生变化。可是，这一观点后来也被推翻，天文学家指出，一些天文现象会影响天体的位置，但是不会影响地面上经纬度的变化。

最后，夔中羽得出结论，在精确的地形图上，中轴线显示了这样一种"偏离"：从南端起始点（永定门）开始，向北延伸时开始呈逆时针方向偏离子午线，而终点位置（钟楼）已经离开子午线约300米！

为什么北京城的中轴线会出现这样的偏离？中轴线与子午线重合，本应该是天经地义的事情，因为它象征着封建帝王的"天命皇权"。为什么这条象征"天命皇权"之线会给我们带来这样大的意外？

对于这些问题，专家学者有着不同的解读。

北京城中轴线始建于元代，据历史记载，担任"监筑"之职的是忽必烈的重臣刘秉忠，而刘秉忠是一个汉人。由于元代实行民族压迫政策，汉人的社会地位极其低下，备受欺凌。于是，就有历史学者提出：中轴线是汉臣刘秉忠故意弄偏的，试图以此反抗元朝统治。

对此，有学者提出质疑，因为上述说法拿不出令人信服的证据。

于是，又有了第二种看法：可能是建造者采用磁针定位法，造成了技术上的误差。但是，夔中羽认为这种推理不大令人信服，因为当时采用的是精度较高的天文测量，而不是简单的磁针定位法。

在推翻了以上两种说法之后，夔中羽逐渐把焦点放在了历史和文化层面上。由于元朝起源于内蒙古地区，所以他找来北京与内蒙古自治区的9张地图，当他把这些地图连接起来的时候，一个从未被人们关注过的地方展现在眼前：北京城中轴线向北延伸，其延长线直至古开平。古开平就是元世祖忽必烈的发祥地，蒙古人在北京建都前曾在这里建都，史称"元上都"。当时元朝实行的是两都制，或许北京城的这条中轴线与元上都存在某种关系。

为了找到这种关系，夔中羽又亲赴内蒙古自治区锡林郭勒盟正蓝旗上都镇东北的元上都遗址进行实地考察。他最终发现：北京城中轴线继续往北延伸，延长线恰好通过距离北京270多千米的古开平。

原来，北京城内的中轴线在修建时并非为了与子午线平行，而是为了与元上都在一条直线上。夔中羽猜测，这可能是元朝统治者为了表达"两都统一，一统天下"的意愿而特意这么设计的。由于明朝和清朝的都城是在元大都的基础上重建的，于是就延续了中轴线的这一走向。只是明清的统治者没有想到，他们所认为的"正南正北"的"天命线"竟然延续的是元代的历史内涵。这也许是一个历史的玩笑。度较高的天文测量，而不是简单的磁针定位法。

美国白宫"闹鬼"事件

2004 年 9 月，在美国白宫的官方网站，赫然出现了"白宫幽灵"的链接，许多人都说白宫"闹鬼"了。这到底是怎么回事呢？

加里·沃尔特是白宫的总引导员。一天晚上，当他和几个工作人员站在白宫的台阶上时，他明显地感觉到一股凉风从背后吹了过来，让他不禁一颤。这时，台阶上的门自动打开了。这让沃尔特和他的同事感到非常惊讶和害怕。沃尔特曾说："就因为这件事，我几个晚上都没有睡好。"

无独有偶，白宫的其他工作人员也反映说，他们经常遇到一些类似的事情：某个卧室的门忽然开了，某个地方忽然传出了奇怪的声音，燃得好好的蜡烛突然灭了……

白宫的"闹鬼"事件被传得沸沸扬扬，越来越多的人声称在白宫看到过鬼魂。其实，在很久以前，白宫的"闹鬼"事件就已经开始了，据说，人们经常在白宫中看到已故的林肯总统。

前总统富兰克林·罗斯福就曾遇到过几次。一天，当他走进蓝厅时，总觉得身后有什么东西跟着他，而且他肯定跟着他的不是人，因为人走路一定会有声音。此外，他还觉得身后有一股凉意，这让他不禁紧张起来。当罗斯福终于鼓足勇气回头看的时候，却什么也没看见。这种情况出现了很多次，其中有两次，他觉得似乎看到了已故的林肯总统。

不仅如此，其他前任美国总统都遇到过类似的离奇事件。前总统里根的狗一经过林肯总统的卧室时，就会狂叫不已。杜鲁门总统生前有一次凌晨 3 点听到有人敲门，于是他急忙穿好衣服去开门，结果外面什么人也没有。但不知为什么，他后来很肯定地对人说，敲门的一定是林肯。

人们不仅在白宫见到过林肯的"鬼魂"，而且还见过其他人的鬼魂。一次，美国前总统威尔逊的妻子正兴致勃勃地打算整理一下白宫的玫瑰园。当

世界上许多有名的古堡或宫殿都有过"闹鬼"的传闻。这些传闻有些是人们杜撰出来的，但有些却不仅仅是杜撰那么简单。白宫的"闹鬼"事件可能真的事出有因。

她蹲下来打扫地上的玫瑰花时，她突然看到了已故前总统麦迪逊的夫人。麦迪逊的夫人严厉地对威尔逊夫人说："这是我的花园，你不能骚扰它，赶快离开！"被吓坏了的威尔逊夫人急忙离开了花园。

这些绘声绘色的故事，使更多的人相信白宫的确"闹鬼"了。可是，另有一些人坚信这个世界上没有鬼魂。白宫的"闹鬼"事件一定另有隐情。那么，为什么这么多人说白宫"闹鬼"呢？

英国的科学家通过研究，得出了一个结论。他们认为，这些"闹鬼"事件很有可能是次声波在作怪。英国著名心理学家理查德·怀斯曼通过实验再现了人们在"闹鬼"时的感受。在实验中，怀斯曼刻意把一个音乐会现场演奏的 4 首曲目加入了次声波。听众听完音乐会后，怀斯曼让听众描述音乐带给他们的感受。到场的听众都说，乐曲演奏时他们有种不安、悲伤的感觉，而且感到脊背上有凉意，甚至产生了厌恶或害怕的情绪。

怀斯曼解释说，次声波可以大大加强人们已经体验到的感觉。如果人们只是感到有一点点紧张，听到次声波后，就会觉得更加紧张，而这也是次声波为何会唤起各种"超自然体验"的原因。由于白宫中住过许多已故的总统，所以住在那里的人有一点紧张的情绪也是正常的，而在受到次声波影响后，他们的这种紧张情绪会更加严重，甚至会因此产生幻觉。

那么，白宫里为什么会有次声波呢？怀斯曼又解释说，次声波频率一般低于 20 赫兹，刮风、打雷和地震时，都会出现次声波。在白宫"闹鬼"的房子里，风使门窗或家具发生了振动，这样就会产生次声波；远处飞来的飞机或者驶来的汽车经过白宫时，也可能使白宫周围产生次声波。

所以，英国科学家认为，这些偶然产生的次声波在偌大的白宫中回荡，被人接收后，便对人产生了影响，催生了白宫"闹鬼"事件。

家具竟然会自己移动

1984年3月3日晚上，在美国俄亥俄州哥伦布市一个8口之家中，发生了一件非常奇怪的事情。

当时，这个8口之家刚吃完晚饭，大人们正聚在客厅看电视，孩子们则在院子里玩耍。忽然，客厅里的画框从钩子上掉了下来，把一套珍贵的烟具砸得粉碎。客厅里的人被吓了一大跳，以为是挂钩坏了。接着，更意想不到的事情发生了。只听二楼"咣当"一声，好像什么东西倒了。男主人约翰急忙跑上楼，只见卧室里的一个睡椅无缘无故翻了一个底朝天。不到1分钟后，旁边的座椅竟然飞了起来，离开地面近半米。

这到底是怎么回事？孩子们都在院子里玩儿，没有人上来过，难道家里"闹鬼"了不成？约翰越想越害怕，于是他叫来了警察。

可是，听了约翰的描述，并对屋里屋外进行了仔细的检查后，警察确定没有小偷进来，他们也不知道为什么会发生这种事情，只能无奈地说："你们的确需要帮助，但是我们无能为力。"

这样的事情仍然在不断发生，约翰一家人为此变得越来越紧张。后来，女主人琼·丽施把《哥伦布快报》的专栏作家米克·哈顿请到了家里，希望能够通过哈顿向更多的人求助。

哈顿听了丽施的讲述后，坚定地说："这个世上不可能有鬼，我不相信超自然的事情。"哈顿的话音刚落，只见一杯咖啡自动从桌子上掉了下来，正好洒在她的裙摆上。随后，一本杂志也从桌子上飞落下来，砸到了地上。哈顿被这种情景吓得目瞪口呆，急忙联系报社的摄影师布雷德·希诺。

希诺带着摄影工具匆匆忙忙赶到丽施家的时候，正好看到一张长沙发正在向坐在椅子扶手上的伊娜移动，伊娜是丽施的养女，刚满14岁。"伊娜，小心沙发！"希诺急忙说道。伊娜闻声正准备把头转向沙发，一张阿富汗小地

桌椅无缘无故自己移动，架子上的东西自己掉落，花盆莫名其妙地飞了起来……在没有任何人为迹象的情况下，这些离奇的事件让人匪夷所思。

毯忽然飞了起来，罩在了她的头上。希诺及时拍下了这个场面。

噩梦仍没有结束，不久，希诺又看到一只白色的电话机好像着了魔似的，向伊娜飞去。第一次，她顺利躲过了。没想到，电话机又飞了过来，她再次躲过。电话机就这样一次又一次地朝伊娜飞来飞去，直到人们把它按住。期间，希诺设法拍下了一张电话听筒飞过伊娜身边的照片，这张著名的照片曾在全世界许多家报纸上发表过。

其实，丽施一家不是唯一经历这种事情的家庭。在世界上，许多家庭都和他们有相同的遭遇，有的发生的时间还早很多。

1960 年的一天，苏格兰一个名叫弗吉尼亚·坎普贝尔的 8 岁小姑娘正和他的哥哥、嫂子一块喝茶。突然，靠墙放着的碗柜逐渐离开了墙，向另一个方向移动，当它移动了大约 13 厘米的时候，又神奇般地移了回去。当坎普贝尔去上学的时候，她所在的教室的门竟然无缘无故地自动开启，她的课桌也自动掀了起来。

这些离奇的事件到底是怎么回事呢？难道这些地方真的有鬼吗？

专家经过调查发现，这些离奇事件往往是围绕某个中心人物发生的。就拿丽施一家来说，这些事件更多地发生在伊娜在场的时候。以科学家威廉·鲁尔为首的北卡罗来纳州物理研究基金会一行数人，曾专程来到丽施的家中进行调查。鲁尔和丽施全家一起生活了一周，他们发现，这些离奇的事情总

专家分析，"波尔代热斯"现象不仅仅发生在恐怖的夜里，即使在白天，这种现象也经常发生。

是在伊娜在家的时候才会发生。

一次，鲁尔看到一幅画掉落在了地板上，他钉了一枚钉子，准备把画重新挂上，伊娜当时就站在他身旁。不一会儿，衣柜上的录音机也自己挪动了起来，最后掉在了地上。鲁尔放下的锤子也在地上一点点地移动，一直移到离原地 1.5 米处才停下来。

后来，伊娜由于骑车撞断了腿，不得不在医院里住了几周，在这段时间，丽施一家竟然没有发生任何意外事件，一切都安然无恙。直到伊娜回家后，一切又开始混乱起来。

在坎普贝尔周围发生的事情也是这样，只要是坎普贝尔出现过的地方，总会有诸如门自动打开、家具开始移动这样的事情发生。

科学家研究了这些案例后得出了初步的结论，凡是出现这种现象的地方，大多有一个起引发作用的中心人物在场，这个人就是所谓的"制动者"。科学家称这种现象为"波尔代热斯"现象。由此可见，上述离奇的事件并不是闹鬼，而是一种由人引起的现象。

那么，为什么某些人会引发这种现象呢？"波尔代热斯"现象究竟是怎么发生的呢？对于这些问题，西方科学界众说纷纭。有人认为它是由一种由于思想作用对客观事物产生影响所造成的特殊现象，即人在思维过程中会产生某种能量，它能与空间的某种能量结合，从而产生某种作用。有些人甚至认为，它是人体特异功能的一种表现，也许某些人天生就有影响周围事物的能力。至于真相究竟是什么，还有待于专家的进一步研究。

空无一人的海上航船

2003 年 8 月 26 日，居住在巴西南部罗特尔镇的桑罗夫妇带着他们的两个儿子来到位于南美洲的马尔维纳斯群岛度假。桑罗是一名经验丰富的大副，为了能使家人玩得尽兴，他在附近租了一艘游船。不久，桑罗便带着妻子莉萨、大儿子布拉齐和小儿子摩尔，驾驶着游船出海了。

一天深夜，睡梦中的桑罗听到了一声巨响，顿时船开始摇晃起来，船上的灯也都忽然灭了。经验丰富的桑罗立即判断船可能撞上了什么硬物，于是，他马上叫醒了家人。"赶快穿好救生衣！"桑罗命令道。

果然不出所料，大家刚穿好救生衣，就明显地感觉到船在迅速下沉。桑罗用水手绳将家人都串在了一起，然后带着大家跳入了大海。由于逃生的时

海上正常航行的船只里空无一人，亦真亦幻的幽灵船让人疑窦丛生，桑罗一家人的境遇让人不禁捏一把冷汗。

候很匆忙，桑罗没有带任何通讯设备，所以他们只能随着湍流向南漂流。

就在这时，桑罗忽然看到远方漂来一艘船。于是，他带着家人拼命向那艘船游去。奇怪的是，当他们游到离船尾仅有十几米时，他们一再举手呼喊，船上竟然没有一个人出来救他们。后来，桑罗顺着船舷上一根直达水面的绳子爬到了船上，并把他的家人也拉上了船。

桑罗看这艘船像是一艘老式的远洋捕鱼船，他从船上的标志看出这艘船叫"亚马孙"号。但是，让桑罗感到不安的是，他找遍了船里所有地方，却连一个人影也没有看到，而且驾驶仪器都是关闭的。桑罗只在船长室里找到了一本《航海日志》。从这本《航海日志》可以看出，早在1976年8月2日，船就离开了巴西的阿雷格里港，前往南大西洋海域捕捞。在每一篇日志后面都写着"今天一切正常"，直到最后一天，即当年的9月3日。

这到底是怎么回事？为什么这艘船空无一人？船上的人都到哪里去了？一连串的疑问让桑罗越想越恐惧，他担心他们可能登上了一艘传说中的幽灵船，也许是周围的幽灵控制着这艘船。可是，即便如此，桑罗一家也无法离

专家猜测，"亚马孙"号之所以在船员遇难之后仍然能够在海上漂流多年，是因为它可能一直被附近查理群岛密集而坚韧的马尾藻缠着。正因为这样，海风再大，也无法把船吹翻。直到船桨逐渐挣脱马尾藻，"亚马孙"号才又漂回大海并被桑罗家人发现。

开，因为在荒无人烟的大海上，他们无处可去。经过半天的折腾，桑罗和他的家人已经饥肠辘辘，但是，他们找遍了整艘船，却什么吃的也没有找到。"我看到船上有鱼竿和鱼钩，我们可以钓鱼。"摩尔建议说。桑罗觉得这个主意不错，于是，他在储藏室里东翻西找，最终找到了一些放在瓶子里的、已经死了的小飞虫。桑罗决定就拿它来做鱼饵。果然，没过多久，他们就钓上来了很多鱼。奇怪的是，这些鱼的眼睛都是蓝色的，不知道是什么品种。可是，他们已经饥饿难忍，没有其他的选择了。幸运的是，这些"蓝眼鱼"的味道非常好。桑罗一家人高兴地品尝着"蓝眼鱼"，他们没有想到，灾难即将来临……

第二天，当桑罗叫家人起床的时候，发现摩尔竟然不见了。这下可急坏了桑罗一家人，他们到处寻找，可是都没有找到。桑罗一家人陷入了极度的悲伤中。可悲剧还没有结束，第三天清晨，桑罗又发现大儿子布拉齐也不见了！这到底是怎么回事？桑罗和莉萨悲痛欲绝。

傍晚时分，桑罗一边安慰莉萨，一边劝莉萨吃点东西。他把莉萨和孩子们爱吃的"蓝眼鱼"的鱼卵块拿到莉萨的面前，说："多少吃点吧！"看着妻子吃了块他不爱吃的鱼卵块，桑罗好像突然想起什么：全家人除了他，都十分喜欢吃鱼卵块。难道这些鱼卵块有问题？桑罗不安起来。

深夜，莉萨渐渐睡去。为了确保莉萨的安全，桑罗睡意全无。凌晨3点多，桑罗突然看见莉萨坐了起来，悄悄开门出去。桑罗叫了莉萨一声，但是莉萨没有理他。只见莉萨一步步向船尾走去。尾随而来的桑罗借着星光，看见莉萨表情木然，如同睡着一样，可是眼中却闪出异样的神采。桑罗跟着莉萨来到船尾的挂梯前，只听莉萨说了声："太妙了，我来了！"莉萨便登上船舷，踏上挂梯，准备跳入大海。桑罗一跃而上，立即抱住莉萨。莉萨没有挣扎，仍是表情木然，任由桑罗把她抱回床上。

第四天早晨，莉萨醒来，桑罗急忙向莉萨询问跳海的事，莉萨竟然毫无印象。桑罗便把心中的猜疑告诉了莉萨，他怀疑他们的儿子就是吃了这些鱼卵块，所以才跳海失踪的。听桑罗这么一说，莉萨顿时泪流满面。

大约四五天之后，他们终于在海上看到了一艘来自巴西门罗卡海洋研究所的科学考察船，并获救。

事后，考察船的船长、著名的海洋生物学家埃米对桑罗一家人的经历非常感兴趣。考察船回港后，他们对这件事展开调查。调查结果发现，导致莉萨跳海的正是"蓝眼鱼"的鱼卵。这种"蓝眼鱼"是南大西洋特有的一种珍稀鱼——欧文小星鲽的变种，它的鱼卵能够让人产生强烈的"诱导性幻觉"。莉萨以及摩尔、布拉齐就是因为吃了这种鱼卵，产生了幻觉，才有了跳海的举动。而且，调查人员分析，"亚马孙"号的船员可能也误食了这种鱼卵，所以掉入了大海，"亚马孙"号从此就成为了无人船，又由于所在海域海藻的牵绊，"亚马孙"号才能在海上漂流多年，成为"幽灵船"。

古寺的神秘来客

在天津蓟县城内，有一座我国现存最古老的高层木结构楼阁式建筑，它就是独乐寺。1961 年，它被国务院定为全国重点文物保护单位。

2004 年入夏后，蓟县城内很多人都发现，经过独乐寺时，总能听到寺庙里传出的奇怪响声。于是，人们都说独乐寺"闹鬼"了，有人甚至认为这预示着灾难即将降临独乐寺。独乐寺里的看门人听到这些传闻，也按捺不住了，想弄明白这到底是怎么回事。

一天夜深人静的时候，看门人走进寺院。他一间一间地挨个听声，当他走近观音阁时，他听到了一阵阵"咝咝"的声音，随着看门人越来越接近观音阁，这种响声就越来越大，听起来让人毛骨悚然。看门人有些害怕，没等推开观音阁的门，他就转身跑开了。

难道独乐寺真的"闹鬼"了？

不光是看门人有这样的疑问，独乐寺的一名清洁人员也有这样的怀疑。这名清洁人员在独乐寺已经工作了 20 年。从 2004 年夏天开始，她发现了一些不同寻常的事情：在她打扫观音阁的时候，总会清扫出一些奇怪的东西。

这些奇怪的东西有点像泥巴，但是比泥巴湿，是她从佛像腋下扫到的。此外，她还发现在泥巴附近有一些小木屑。

这些泥巴和木屑是怎么来的呢？对于这个问题，这名清洁员也说不清楚。因为，作为国家重点文物保护单位，寺院一直被保护得很好，没有出现大面积的虫蛀或自然力侵蚀的情况。但是，每天打扫时清洁员都能扫出一些泥巴和木屑。为了防止虫蛀，清洁员在打扫之后都会在观音底座的通气孔上放熏香。可是，这段时间，熏香放进去没多久就不冒烟了，这更让清洁员感到疑惑。

除此之外，人们发现观音阁中还有一股腥臭的味道。一天，当工作人员检查观音阁的安全设施时，竟然在佛像旁发现了几条死鱼。独乐寺根本没有养鱼，这些小鱼是怎么跑到观音阁来的呢？工作人员也无法解释。

这一连串的怪事使四周的老百姓更加相信独乐寺"闹鬼"，人们都说这是佛祖降下的灾难。所以，人们都不敢靠近观音阁，寺里的一些工作人员也不敢上班了。

而更让人担心的是，寺院里的雕像居然也出现损坏的迹象。在观音像和一些壁画上出现了黄色的印迹，印迹周围逐渐产生了裂缝。老百姓认为，这就是灾难的开始。

为了揭开谜团，寺院里的几个年轻人决定夜访观音阁。

晚上9点多钟，这些年轻人来到了观音阁内。他们一进入观音阁，就听到观音阁内有"唧唧"的响声，由于夜里特别安静，这种响声显得格外大。于是，他们打开手电筒往里走。突然，一只大鸟向他们俯冲过来，他们触碰到了大鸟的利爪，幸运的是并没有被抓伤，可是他们感到非常害怕。为了壮

蝙蝠的食谱相当广泛，有的喜爱花蜜、果实，有的喜欢吃昆虫，而吃鱼的蝙蝠极为罕见。在独乐寺发现的蝙蝠是亚洲首次发现的吃鱼的蝙蝠。

胆，这几个年轻人把手电筒的光聚到了一起，朝声源照去，他们发现斗拱的缝隙里好像有一堆东西在不停地动着。怎么像是老鼠？不对，是蝙蝠！光听叫声，似乎有好几百只蝙蝠在观音阁中四处乱飞。

独乐寺"闹鬼"的谜团终于揭开了，始作俑者就是这些蝙蝠。经过鉴定，这些蝙蝠属于鼠耳蝠。它们的爪子很大，而且需要挂靠，并不停地移动。有的时候，这些鼠耳蝠之间会打斗，在打斗中，不可避免地使用爪子，这样寺院里的木制材料就会被一点点撕裂，所以工作人员就在打扫时发现了大量的木屑和泥土。而寺院里的壁画之所以出现黄色的印迹，并逐渐开裂，是因为这些黄色印迹是蝙蝠的粪便和尿液。蝙蝠的粪便和尿液含有大量酸性物质，对壁画、泥塑都有很强的腐蚀性。此外，动物专家对蝙蝠的粪便进行研究时发现，蝙蝠粪便中含有鱼鳞的成分，可见这些蝙蝠是吃鱼的，由此断定寺院中出现的小鱼就是这些蝙蝠从附近的水库叼来的。

据动物专家介绍，这些不是普通的蝙蝠，它们体内可能含有毒素，一旦攻击人类，将会造成人员伤亡。幸好在古寺"闹鬼"期间，没有人员受到攻击，否则后果将更加严重。

古刹"鬼"音

在湖南沅陵县博物馆做了 20 多年保卫工作的曹忠球忽然有了辞职的想法，原因是他在值夜班的时候，经常听到奇怪的响声，他一直无法找到这个响声的来源。难道博物馆里"闹鬼"了？

曹忠球第一次听到这个声音是在 1989 年 9 月的一天夜里。大概深夜 2 点半左右，他忽然听到门外的狗在狂叫，这条狗是博物馆里的看门狗，曹忠球经常带着它巡视博物馆。一听到狗叫，他马上拿着手电筒跑出门外。四周非常寂静，只听到一种很沉闷的声音，像是脚步声，但是曹忠球用手电筒往周围照了照，却没有一个人。他疑惑地返回屋里。

接连几天，曹忠球都在值夜班的时候听到了类似的声音，然而却一直没有看到一个人经过这里。他越想越害怕，担心有"鬼"，便把自己遇到的事情告诉了几个同事。

没想到的是，其中一个叫郭川陵的同事后来也遇到了类似的事情。

一天夜里，郭川陵在博物馆的暗房里洗照片。大约 1 点多的时候，郭川陵听到暗房旁边的台阶上好像有走路的声音。当时，四周静悄悄的，他清楚地听到有人从台阶上走下来，而且不时发出"嗒嗒"的声响。他感觉这个人走下台阶后，来到了暗房门口，之后脚步声就没有了。郭川陵以为是同事洪江来找他，可是他一连叫了好几声，都没有人回应。郭川陵有些害怕了，他走到门口，轻轻地推开门，向外望去，竟然一个人都没有。这时，他想到曹忠球曾经提过奇怪脚步声的事，不禁打了个寒战。

第二天，郭川陵就把这件事告诉给了曹忠球，他们两个越说越觉得害怕。难道博物馆里有"鬼"吗？

郭川陵和曹忠球之所以会这么想是有原因的。原来，沅陵博物馆所在地龙兴讲寺是一座千年古寺，整个建筑群依山而建，颇有气势。这里所有的房子都是全木结构，由于年代久远，显得古朴萧瑟，一到夜晚，给人一种阴森冷清的感觉。

而且，在博物馆里，还陈列着一具古尸。这具古尸是在沅陵的一座古墓中发现的，是一对元代夫妇尸体中的一具。这对元代夫妇的尸体经过了数百年的掩埋竟然没有腐烂，其中的男尸还保留着生前的肤色。经过处理之后的男尸就陈放在博物馆的陈列室里。

当奇怪脚步声的事件发生后，郭川陵和曹忠球就想到了这具古尸。是古尸复活了，还是他的灵魂在作怪？他们无法找到确定的答案。

时间到了2005年，曹忠球在博物馆附近巡查，他又听到了奇怪的响声。这次，他判断响声是从弥陀阁里发出来的。这种奇怪的声音像是什么东西绷开了，与之前听到的脚步声好像不一样。但是，这里的工作人员都知道，弥陀阁曾经是用来供奉弥勒佛的大殿，后来这个大殿就空置了。难道，又是"闹鬼"吗？

当然不是，经过专家的调查和分析，古刹"鬼"音之谜终于揭开了。专家指出，曹忠球和郭川陵之所以会听到脚步声，主要是因为心理作用。人在千年古寺这样的特定环境中，特别是夜深人静的时候，容易受到一些潜意识的心理暗示。比如曹忠球由于害怕古寺中陈放的古尸，就会在心里产生异样的情绪，在这种情绪的作用下，听到异常响动，就会不由自主地产生幻觉。

专家认为，郭川陵之所以也同样听到脚步声，有可能是心理上受了曹忠球的暗示，所以听到异常的声音就以为是脚步声。

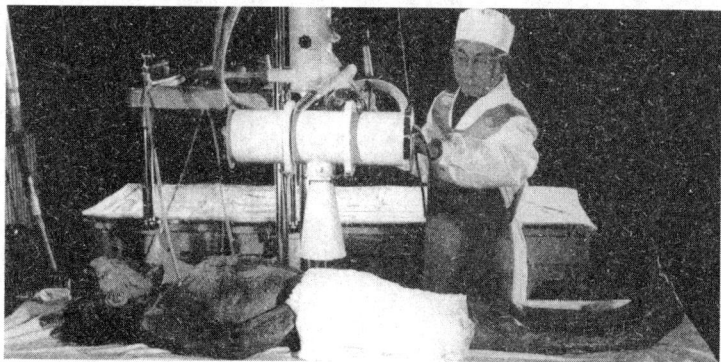

一般来说，古代的尸体到现在应该早已腐烂，但是，在我国不止一次地发现了没有腐烂的古尸，沅陵博物馆里陈列的古尸就是其中之一。这些古尸让人不禁联想到无法安然离去的冤魂。

　　专家还指出，让曹忠球和郭川陵产生幻觉的直接原因就是古寺里木质结构的变形所发出的声音。龙兴讲寺地处湖南西部山区，面朝沅江和酉水两条大江，南方夏天天气潮湿，秋天则非常干燥，由于温度和湿度的影响，木材就会变形或开裂、弯曲，如果两个建筑之间变形的幅度不一样，就会产生错位。错位之后的木材之间发生挤压、膨胀，积蓄了足够的力量之后，就会发生断裂或者位移，并伴随着一些声响。这才是古刹"鬼"音的真正来源。

古墓 "冤魂" 的诅咒

距离邯郸 30 多千米的磁县有个天子冢，这座古墓的主人是东魏王朝唯一的一位皇帝——元善见。在这座古墓的北坡有一个台阶，这个台阶是 20 多年前才修的，而就是在这个台阶上，很多人听到了奇怪的水声。

一天，一个人深夜路过天子冢。刚踏上这个台阶时，他忽然听到台阶上传来有节奏的 "叮咚叮咚" 的水声。据他所知，天子冢附近没有湖泊或水潭，这水声是从哪里来的呢？他看了一下四周，静悄悄的。于是，他加快了脚步，想快点离开这里。这时，好像什么撞了他一下，他吓了一跳，难道有鬼？原来，他撞到的并不是鬼，而是一个从对面走过来的人。但是，他仍然很害怕，一路小跑回到了家里。

第二天，他把晚上听见奇怪水声的事情告诉了别人，出于好奇，一些人来到这个台阶上。果然，当他们在台阶上走的时候，可以听到水声；当他们在台阶上拍手的时候，也可以听到水声。人们为此议论纷纷，这个消息很快就传开了，许多人慕名而来。大家听到这个水声后都有一个同样的疑问：天子冢附近并没有水，这个奇怪的水声是怎么来的呢？

当地的人有一种解释，他们认为这些水声是元善见的诅咒声。在 1400 多年前，27 岁的东魏皇帝元善见被宰相高洋篡位。高洋登基 1 年后，命人毒死了年仅 28 岁的元善见，并把他埋葬在这里。当地人认为，元善见是含冤而死，他不甘心冤死，所以他的冤魂在这里下了诅咒，登上这个台阶的人听到的水声就是他的诅咒之音。

这个说法听起来确实很恐怖，因为其中有关古墓来历的介绍是符合史实的。难道台阶上的水声真的是元善见下的诅咒吗？有关专家否认了这一看法。其中一位专家说："这个说法让胆小的人听起来恐怕真有点毛骨悚然，但是我个人认为这只是老百姓的一个传说。"

如果要彻底推翻这种说法，就必须找到产生水声的真正原因，于是，专

高洋毒死元善见后，为了掩人耳目，专门给元善见修建了皇帝坟墓。但是，磁县的百姓说，高洋并没有如愿，元善见为了倾诉冤屈，用水下了诅咒。

家们开始了一连串的勘察和研究工作。

有些人猜测，这个古墓地下可能是空的，人在上面走，地下空洞中的声音就会反射上来，听起来就像水声。但是，这个猜测后来被证实是错误的。专家通过勘察离元善见的墓只有 2000 米的高洋墓得知，高洋的墓大概在 30 平方米左右，深度只有十几米，而他墓上的封土有 30 多米。即使高洋的墓是一个空洞，在这么厚的土层下，声音也不可能反射上去。由于高洋和元善见的墓基本上属于同一时期鲜卑族的墓穴，所以墓穴结构也应该一样。因此，专家认为，空洞之说不成立。

还有一些人猜测，天子冢的下面可能有地下水，人们听到的水声是地下水震动后的回音。而且，天子冢一带水层比较浅，水震现象可能存在，在高洋墓就发现有地下水的迹象。但是专家通过分析，认为这个猜测也不正确。因为，据专家的估计，天子冢不过 30 多平方米，墓室里的墓壁是用灰砖砌起来的，墓壁上面是一层厚厚的夯土，最厚的地方有 30 米。所以，在这种情况下，就算把整个墓室充满水，再找个大力士来踩脚，也听不到任何回音。

后来，又有人猜测，这个水声可能是地面上某种声音的回声，就像天坛的回音壁一样，当人在回音壁的某个角落说话的时候，另一个人可以在回音壁的另一个角落听到他说的话。这就是声音的反射原理。

但是，又一个疑问出现了，台阶上发出的声音一般包括走路声、拍手声或者人说话的声音，为什么人们听到的却只有水声呢？专家通过测量脚步声和水声的频率发现，脚步声的频率基本上在 240 赫兹左右，而人们听到的水声的频率却在 370 赫兹，显然是发生了从低频到高频的转化。从声学角度说，如果发出的声音是 240 赫兹，那么回声也会在 240 赫兹左右，为什么台阶上听到的回声不是这样呢？专家解释说，由于人走路、拍手的声音是不同频率的信号，它们混合在一起形成了一个复杂的声频信号，这个信号反射时有一部分要被吸收掉，那么反射形成的回声和声源就会产生差别。而且，台阶的特殊结构和材质导致这种差别很大，在反射的过程中，回声转化为了 370 赫兹的水声。这就是我们能够在台阶上听到清晰的水声的原因所在。

真相终于大白，"冤魂"诅咒的说法被彻底推翻，台阶的恐怖面纱被掀开，人们再也不用为此而感到恐惧了。

亲身经历 "古碑鬼影"

2005 年，30 岁的洪继师复员来到河南省永城市旅游局工作。一天，他无意中听到了这样一件事情。

20 多年前的一个晚上，河南省永城市的一个村民驾驶着四轮拖拉机经过芒砀山脚下，忽然，拖拉机熄火了。这个村民立即重新发动拖拉机，这时，他无意间朝车灯照射的地方看了一眼，顿时被自己所看到的景象惊呆了：被车灯照射的古碑上出现了一个发光的人影。这个人影好像是一个穿着金色盔甲的武士，他手上拿着剑，看起来很威武。这个村民以为自己见到鬼了，便立即开着拖拉机逃走了。

洪继师听说这件事后，非常感兴趣。后来，他了解到，不止一个人看到了这个古碑上的 "金甲武士"。很多人说，每到夜晚，只要有灯照向这个古碑，就能看到这个光影。

出于好奇，一天夜里，洪继师和另外一个同事也来到这个古碑前。他们凑近古碑，用手电筒照了又照，可是怎么都看不到传闻中的 "金甲武士"。他们感到很失望，于是就回家了。

但是，洪继师并不甘心，他认为，这么多人都说古碑上有光影，一定有原因。第二天晚上，他又去了古碑那里。这次，洪继师决定从远处慢慢接近那座神秘的古碑。就当他离古碑大约三四十米的时候，一束灯光无意中在古碑上晃了一下，刹那间，古碑上果然出现了一个古代武士的形象，而且这个武士的确像人们说的那样，身披金甲，英姿飒爽。

古碑上的这个武士到底是谁呢？有人说，他是汉高祖刘邦。因为这个古碑记载着刘邦斩蛇的故事。相传公元前 209 年，刘邦在芒砀山脚下杀了一条大蛇，之后不久，他就揭竿而起，走上了开创汉朝大业的道路，而这座碑也因此被称为 "汉高祖斩蛇碑"。所以，很多人认为古碑上的 "金甲武士" 就是刘邦，夜晚 "金甲武士" 现身，就是刘邦显灵。

　　而且，洪继师听说，在芒砀山的地底下，埋藏着大量的汉代墓葬。光是已经被发现并挖掘的汉代墓葬，就有 20 多处。也就是说，在芒砀山下，布满了神秘的千年地宫。由此说来，古碑上的"金甲武士"即使不是刘邦，也有可能是地下亡灵中的武士之一。

　　可是，洪继师就是不相信古碑上的"金甲武士"是鬼神显灵。他决心一定要找到其中的真正原因。

　　起初，洪继师认为古碑上出现人影可能是由于古碑上的石料中含有磷，磷可以发生自燃。但是，经过洪继师的检测，无论是石料上，还是芒砀山附近，都没有发现磷。这个结果让他很失望。但是，洪继师并没有气馁，他认为古碑上的光影肯定与其材料有关。洪继师经过调查发现，古碑上的石料取自紫气岩。紫气岩的石头密度大且质地坚硬，容易成块。所以，紫气岩的石头一直是石匠打刻石碑的首选材料。后来，洪继师又对这座古碑上出现的"金甲武士"做了仔细的观察。他发现，"金甲武士"出现的地方既不是古碑的正中心，也不是完全都在碑的边缘。当他触摸石碑的时候，发现古碑的某

　　古今中外，众多士兵战死沙场，人们通过各种方式纪念他们的亡灵，甚至祈求他们的保佑。在河南永城市的一座古碑上，就惊现武士的亡灵，人们认为这是鬼神显灵了。

些地方有些粗糙。这时，洪继师有了一个新的想法：古碑上的人影是不是光的反射造成的呢？早年的古碑都是人工打磨的，所以不能把它打磨得百分之百平整。人们在打磨石碑的时候往往比较注重碑的最中心和两边是否平整，至于其他地方，就有可能出现局部凹凸不平的现象。而用于打刻这个古碑的石料颗粒非常细腻，便于打磨，所以碑的表面大部分地方非常平滑，可以发生镜面反射，而某些突出的地方也可以发生定向反射。这样，晚上照射古碑的时候，古碑就会反光。至于古碑上为什么反射的是人像，而不是其他的影像。洪继师解释说，看到那个反射像后，人们自然而然会联想到人，所以就出现了"鬼神显灵"的说法。晚上，当洪继师把水浇在古碑的表面时，人影没有了，留下一大片反光。"古碑鬼影"之谜终于解开了。

"不速之客"夜闯民宅

孙可其一家住在山东省青岛市城阳区的古庙村。一天夜里，他们家来了一群"不速之客"，这些"不速之客"给孙可其一家带来了噩梦般的生活。

那天傍晚，忙碌了一天的孙可其回到了家里。吃完晚饭后，已经疲惫不堪的他准备上床休息。忽然，他听到院子里的小狗"汪汪"地大叫。这是怎么回事？孙可急忙穿上衣服，打开房门，一股阴风迎面吹来，使他不禁打了一个寒战。院子四周静悄悄的，一个人影也没有。孙可其隐隐地看到院子的角落里好像有一片黑糊糊的东西在地上扭动，好像随时都会向他涌来。而且，那些东西还不时发出"咝咝"的怪声。这一切令孙可其感到毛骨悚然。此时，屋里的儿子突然大叫："爸，咱家进蛇了！"

儿子的话音刚落，孙可其就看到院子里的空地上已经有十几条蛇在爬，这下可把他吓得够呛。这是孙可其头一次亲眼看到这么多的蛇。虽然心中充满了对蛇的恐惧，但是，他还是带着儿子硬着头皮去抓蛇。

经过1个小时的"人蛇大战"，孙可其终于把蛇都清理完了，并把它们放在了一个大水缸里。已经累坏了的孙可其准备和儿子一起回房睡觉，这时，他又看到2条蛇正在卧室里游走，再仔细一看，屋子里已经进了4条蛇了。孙可其又叫上儿子，战战兢兢地把蛇放到了大水缸里。

就这样，整个晚上，孙可其都在找蛇和抓蛇中度过。当他捉完这些蛇后，天已经亮了。

群蛇降临孙可其家的消息很快在古庙村传开了，人们对此议论纷纷。有人说，孙可其一家可能无意中得罪了蛇妖，所以蛇妖才派这么多蛇来吓他们。有人说，孙可其家可能有什么东西很招蛇，所以才吸引来这些蛇。还有人说，他曾经在临沂看到过这种蛇，它是有毒的。

村民的话让孙可其越听越害怕，于是，他立即报了警。城阳分局的民警在孙可其家进行了地毯式搜索，希望能找到与事件相关的蛛丝马迹。但是，

蛇的耳柱骨十分灵敏，外界稍有振动，就会被耳柱骨捕捉到，
并传到内耳。一旦外界有大的噪音，蛇群就会受到惊吓，集体迁移。

经过一番周密的搜索后，警方并没有找到人为放蛇的线索。

后来，警方又联系了青岛市唯一一家养蛇单位——青岛市动物园两栖馆。但是，动物园的工作人员却说，没有丢失蛇的现象。孙家的"蛇灾"似乎找不到原因了。难道这些蛇是从天而降的不成？

警方为了尽快查明真相，又找来了青岛市城阳区动物保护站的焦科长。焦科长也是第一次听说民宅中出现蛇群的事情。他在孙可其家的大水缸里看到了这些蛇，他判断，这种蛇是赤练蛇。赤练蛇属于广布性蛇类，由于它的毒牙不发达、不外露，所以人被它咬伤后症状不明显，而且很少有中毒的现象。很多专家都已经将它划为无毒蛇。

听了焦科长的话，孙可其松了一口气。但是，他心中的疑惑还是没有解开。这么多的赤练蛇为什么会到自己家里来呢？

蛇群入侵的真正原因无法揭开。孙可其一家始终提心吊胆。当调查人员再次前往孙可其家寻找原因的时候，偶然发现孙家大门外有一大片拆迁地。而孙可其也表示，他家出现蛇群的时间正好是拆迁工程开始不久。

调查人员猜测，没准蛇是从工地跑来的？于是，他们到工地察看了一番。在工地里，调查人员的确发现了一些类似蛇皮的东西，它们正好是在一个洞穴里找到的。所以，焦科长一行人做了这样的分析：工地施工的时候会产生很大的噪音和振动，而蛇这种动物对极其细微的振动都很敏感，更别说大的振动了。所以，受这些振动影响，蛇洞里的蛇就都爬到离工地最近的孙可其的家里来了。

　　蛇群入侵民宅的事件终于真相大白，孙可其再也不会为蛇妖等鬼神之说而烦恼了，他们一家又恢复了平静的生活。

无人老宅谜影重重

2006 年 8 月，福州市宦溪镇胜利村传出了一个非常惊人的消息：已经两年无人居住的老宅竟然每天晚上都会出现神秘的亮光。这是怎么回事呢？

黄学仕是胜利村的一个村民。一天晚上，当他在远离村路的山间小路上走的时候，忽然看到坐落在山坳里的一个孤零零的无人老宅出现了忽明忽暗的亮光。这个老宅四周环山，周围没有任何房屋。据黄学仕所知，这个老宅已经空置 2 年多了，自从老宅的主人死后，他的家人都搬到福州去了，没有一个留在这里。起初，黄学仕以为是老主人的孙子杨光旺回来了，于是，他向老宅走去，想和多年不见的杨光旺打个招呼。但是，当他走到老宅附近的时候，却发现亮光突然消失，屋里一点动静也没有。

这下黄学仕可害怕了，他急忙离开老宅，回到村里。之后，胜利村很多村民都说晚上看到老宅里像是亮灯了，而且感觉里面好像有人。但是，当他们走到离老宅不到 200 米的距离时，亮光就消失了。

黄学仕虽然知道杨光旺不在老宅里，但是他还是给杨光旺打了电话。据杨光旺说，自从他们离开老宅后，就把电源切断了，按理说老宅里应该不可能有亮光。为此，杨光旺还专门从福州赶回了老家。夜里，当杨光旺在黄学仕等人的陪同下往老宅方向走的时候，他果然看到屋里出现了亮光，好像有人把灯打开了，亮光的大小就像天上的星光。杨光旺看到这种情景。越想越奇怪。于是，他们一行人准备走进老宅一探究竟。由于他们怀疑屋里有贼，所以他们手里都拿着木棍，打算把贼捉住。

当他们走到老宅附近的时候，"灯"忽然灭了。杨光旺等人悄悄地靠近老宅，并慢慢地用钥匙打开了老宅的门。

进门后，他们发现屋里并没有人。他们在屋里搜查了半天，也没有发现任何人住过的迹象。屋里的门窗完好无损，没有被破坏，屋里的东西也没有被动过的痕迹。这让杨光旺等人很诧异。这时，他们发现有一样东西不对劲：二楼西边房间里，杨光旺奶奶生前睡过的床竟然很干净。这个房间里本来有 3

许多小说和电影里都把阴森的老宅塑造成闹鬼的场所，忽明忽暗的灯光让人不寒而栗。胜利村的无人老宅让人不禁联想到可怕的鬼怪传说。

张床，其他两张床满是灰尘，床的角落都布满了蜘蛛网，而杨光旺奶奶生前睡过的床，比这两张干净多了。

杨光旺等人开始紧张起来，难道老宅里"闹鬼"了吗？他们赶紧离开了老宅。

第二天，村里的人又开始议论起来。很多村民都认为，肯定有鬼在老宅里睡，否则床不会这么干净。有的人甚至猜测，由于杨光旺去福州的时候，没有把奶奶的坟迁过去，所以老人的灵魂只能待在老宅里。

杨光旺听村民这么一说，半信半疑地来到老宅前给奶奶烧纸祷告，而且一个劲地跟奶奶说"对不起"。可是，杨光旺虔诚的祷告并没有起到任何作用，老宅里的亮光每晚依然会出现。后来，杨光旺还听了村民的建议，请来巫师作法。但一连做了好几天的法，还是没有用。

这样，老宅有鬼的说法传得更凶了。许多人慕名来到这里，想亲眼看看这神秘的亮光。其中，也包括一些好奇的记者。

记者了解到，老宅的亮光必须隔一定的距离才能看到，太远或者太近都不行。而且亮光一般都在晚上8点到10点左右出现。记者把搜集到的情况告诉了光学专家，想让专家分析一下原因。

专家介绍说，如果是某个物体自身会发光，那么一定是人离这个物体越近，看到的光越强；离得越远，看到的光越弱。但是，在老宅外，只有站在

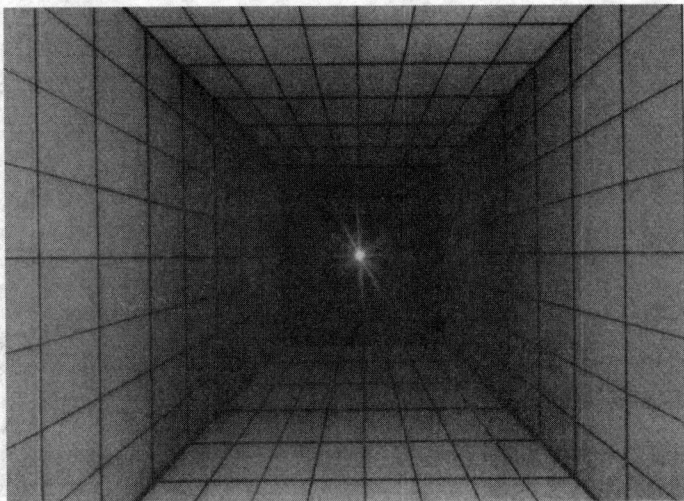

根据反射原理，在背景非常暗的情况下，人眼睛对光的感应比亮背景下要敏感得多，当村民站在符合光的入射角等于反射角条件的位置时，就会明显看到远处老宅玻璃上的灯光。

一定的距离才能看到亮光，走得太近反而看不到，所以可以判定，这个亮光不是老宅自身发出的。如果不是老宅自身会发光，那么唯一的可能就是老宅反射其他地方的光。

如果是反射光，那么是老宅的哪部分反射了光线呢？通过试验，记者发现，当人们把老宅的玻璃窗推成不同的角度时，亮光就会出现变化，有时有光，有时却没有。所以，老宅的玻璃窗很有可能就是发生反射的地方。

那光源又是从哪里来的呢？为此，记者又探查了老宅周围的环境。记者发现，老宅三面都是山，只有一面是面向胜利村的，这面正对着的是 250 米之外的两户人家。于是，专家猜测，这两户居民家的电灯可能是光源。

根据反射的原理，当入射角等于反射角的时候，我们才能够看到反射的光。所以，只有我们距离老宅一定距离的时候，才可以看到亮光，太近和太远都不行。为此，记者在那两户村民的配合下做了试验，结果的确是这样。老宅的亮光就是对面住户中的电灯光源经过老宅的窗户反射出来的。

至于老宅中那个比较干净的床铺，据杨光旺解释，可能是因为其他 2 个床铺 10 年没有用过，而这个床铺只空置了 2 年，所以看起来比较新。谜影重重的老宅已经不再让我们感到恐怖，鬼魂的说法不攻自破。

山谷中"阴兵过路"

李乔保是云南省陆良县沙林风景管理局的一名工作人员。一天傍晚，当他下山回家的时候，竟然在一个山谷旁，听到了可怕的声响。当时，天空阴云密布，李乔保担心要下雨，匆匆忙忙往家赶。但是，当他经过这个山谷时，顿时被山谷里传出的嘈杂响声吓住了。只听山谷中犹如古战场一样，传出战马的嘶鸣声和兵器的敲击声，而且声音非常大。此时，李乔保感到很害怕，头也不回地往家里跑去。

李乔保遇到的怪声并不是偶然现象，路过这个山谷的人几乎都听到过这样的声音。听到这个声音时，整个人仿佛身临古战场，到处是厮杀声。这个山谷就是这里远近闻名的"惊马槽"。

惊马槽位于沙林风景区一个密林中，它其实是一条长不足40米，宽不到1米的山路。从20世纪80年代起，沙林风景区附近的村民路过惊马槽时，就经常听到这里传出的神秘的响声。更奇怪的是，当村民牵着马向这里走来的时候，马就像忽然受惊了一样，要么站在惊马槽的入口一动不动，要么抬起前腿嘶鸣，无论人怎么拽，马就是不肯往惊马槽里走。这个连马都不愿靠近的惊马槽，让当地村民十分恐惧。到了多雨的季节，一旦雷雨交加，惊马槽的响声会更大，甚至震荡整个山谷。

于是，越来越多的村民不愿意再走这条路了，因为他们认为惊马槽"闹鬼"。即使有些村民有时必须从惊马槽经过，他们也是一边走，一边磕头、拜

夜晚，雷电交加、狂风大作，呼呼的风声使惊马槽内犹如万马奔腾般震慑人心。

云南省陆良县本是我国著名的旅游胜地，那里有经过数千年风雨冲刷形成的千姿百态的彩色沙林。正是在这风景秀丽的地方，出现了一个能发出奇怪声音的神秘山谷。

祭，希望这里的鬼魂不要跟随他们。

其实，这些村民认为惊马槽"闹鬼"是有原因的。早在 1800 年前，在惊马槽一带曾经发生过一场战争。

三国末年，诸葛亮为了平定南方少数民族的叛乱，便亲自率军南下平乱。南王孟获为了对付诸葛亮，专门请来神通广大的八纳洞洞主木鹿大王前来助阵。木鹿大王命令手下士兵挖了两条山谷。一天，当蜀军和孟获的军队交战的时候，孟获的士兵故意将蜀军引到事先挖好的山谷中。蜀军刚一进入山谷，他们的马就像受到惊吓一般，四处乱窜，马上的人纷纷坠地，死伤惨重。

根据这个传说，村民们认为，惊马槽发出的声音，就是当时战场上双方交战的声音，我们之所以能在这里听到当时的交战声，是因为死亡战士的冤魂还在山谷里，没有散去。

难道惊马槽的声响真的是冤魂在作祟吗？专家们当然不会这样认为。所以，他们一直试图找到惊马槽怪声的真正原因。

有些专家猜测，惊马槽会不会有记录的功能，能够把 1800 年前发生的事情像录音机一样记录下来？

如果这个猜测成立的话，必须具备一个条件，那就是惊马槽附近必须有大量的石英岩和磁铁矿，因为这些是它具有录音功能所必不可少的。地质人员的研究证实，陆良沙林地层上的确有许多石英岩，那么，这里是否有磁铁矿呢？研究人员将惊马槽附近采集来的岩石进行化验，结果令人失望，惊马槽周围的岩石中只有极少量的磁铁矿。如果缺少磁铁矿，惊马槽的"录音机"原理就无法成立。

而且，有些专家还指出，即使惊马槽能够录音，那么，它如果能录1800年前的声音，也应该能录现在的声音，为什么我们听到的却只有1800年前的声音呢？所以，录音的说法不成立。

为了彻底查清惊马槽声音的形成原因，研究人员还专门把惊马槽传出的声音录下来，输入电脑。电脑的分析显示，惊马槽传出的声音从波形和波峰的不断变化看，很像是风吹过时造成的。结果真的这么简单吗？

研究人员举了一个酒瓶的例子。惊马槽的形状很像酒瓶，进口很小，两边不断收拢，后面直上直下。如果用嘴吹一下酒瓶，酒瓶就能发出比较大的声音；如果不用嘴吹，听见的声音就很小。这就是共振原理在起作用。具体来说，振动的频率和声音传播的频率是一样的，当2个频率叠加在一起时，它就会被放大。惊马槽在形成共振以后，声音就被放大了。

那这种声音为什么会变成马叫声、厮杀声呢？

研究人员认为，这是由于风声在惊马槽特殊地形中发生了特殊的反射，所以产生了变化。再加上人们受1800年前发生的事情的影响，产生了幻想。这一切促成了惊马槽里"阴兵过路"的效果。

离奇怪洞从天而降

福建省元坑镇地处风景秀美的武夷山脚下。这里的农民世代过着平静的农耕生活，但是，2004年6月28日，一件奇怪的事打破了平静。

那天早上，当元坑镇的一个农民正准备下田干活的时候，他忽然看见自家的稻田里出现了4个大小不等、深不见底的怪洞。这些怪洞大的就像半个篮球场，而小的则如同一个小饭桌。这个农民感到很奇怪，他不明白，自家的稻田里怎么会出现这些怪洞呢？

第二天，这个村民发现，这些怪洞还会自己长大。仅一天时间，有些洞的直径至少长了半米。而且，这些洞比前一天更深了，洞中都积满了水。看着这些洞，这个村民感到非常不安。他担心这些怪洞正在一点一点地吞噬着自己的稻田，可能要不了多久，整个稻田，甚至整个村都会被这些怪洞给"吃"了。

这个村民越想越害怕，便把这件事情告诉了其他村民。没想到，几天之后，其他村民的稻田里也陆续出现了类似的怪洞。元坑镇的村民对此感到不知所措，有的甚至开始胡乱猜测起来。

有人说，村子里可能出了妖怪，这些怪洞没准是妖怪弄的。还有人说，这些怪洞属于"地开门"，是土地公故意弄塌的，所以要去祭拜土地公。为此，村里人还专门一起去拜了一次菩萨，请求菩萨保佑。但是，这些怪洞仍然在一点点地"长大"。村民们开始慌了。

当时，在离怪洞约50米远的地方，有一条连接北京到福州的京福高速公路正在紧张地施工当中。由于修路需要开山放炮，这势必会引起当地地面的震动，村民也就很自然地把稻田的怪洞和修路联系起来。难道怪洞与修路有关吗？

闽北地质队的专家分析说，京福高速公路开山放炮是小面积的，不会对当地的地质条件产生太大的影响。而且，在修建高速公路之前，地质人员首

如果田地里突然出现一个大坑，多数人可能会认为那是人为破坏的，但是在元坑镇，这件事并不像一般人想的那么简单。

先要做的就是对这一地区的地质情况进行全面的勘察。如果在那时就发现元坑镇地层不稳定、地下有异常状况的话，京福高速公路就不会在这附近修建。

稻田坍塌如果不是开山放炮引起的，那会是什么原因引起的呢？有些人又把怪洞和元坑镇的气候联系在了一起。原来，自2003年秋天起，元坑镇连续几个月没有下雨，当地的旱情十分严重，山上的许多地面都裂开了。直到怪洞出现前不久，元坑镇突然下起了暴雨，于是就发生了两次山体滑坡。难道怪洞的出现也属于滑坡，和当地特殊的气候有关？

针对这个猜测，地质专家又做了详细的分析。他们发现，元坑镇的地下有许多石灰岩，这种石灰岩的结构分为3层，上面和下面都是质地坚硬的砂岩，而中间那一部分岩层比较松软，所以中间这层岩层特别容易风化。因此，在一些特殊条件下，这种岩层就容易出现脱落。于是，便会出现大面积的滑坡。但是，如果说元坑镇的怪洞属于地下滑坡的话，它的面积就太小了，因为地下滑坡的规模是很大的。因此，怪洞和滑坡没有什么关系。

一个又一个猜测被排除，从天而降的怪洞难道真的是超自然的力量形成的吗？鬼神之说又开始在村民中流传。正当村里人对此一筹莫展的时候，地质专家又有了新的发现。1986年曾经有一个水泥厂计划在元坑镇建厂，专家们勘查发现这里的地质有问题，并写过一个详细的调查报告。调查报告称，元坑镇的地下有许多溶洞。这下，专家得到了新的启示。他们分析称，元坑

元坑镇的地质属于喀斯特地貌。在喀斯特地貌区，既可以是怪石林立，也可以是溶洞密布，让人叹为观止。

镇地下的石灰岩含有大量的碳酸钙，它很容易溶解在酸性物质当中。在大自然中，如果水里溶解了二氧化碳，就会形成酸性物质，它会对岩层产生相当大的破坏作用，这就是所谓的岩溶作用。岩溶作用可以使石灰岩层的缝隙越来越宽，下雨天，大量的雨水汇集到地下，不断将岩石溶解，形成地下暗河。暗河不断把岩石的溶解物带走，地下的水流通道就会不断扩大。这样，日积月累，岩层中就形成了形态各异的溶洞。

专家经过研究得出了结论，由于长期的岩溶作用，元坑镇稻田附近石灰岩溶洞顶板岩石的缝隙越来越宽，稻田灌溉用水向溶洞渗透，水越积越多。在水的长期溶解下溶洞顶板岩石变得越来越薄，最后坍塌，形成怪洞。

从天而降的怪洞之谜终于揭开，原来它是地质原因造成的，而非鬼神超自然力之作。

奴役行走的僵尸

你听说过"人死而复生"的事吗？在 1982 年美国《国民询问报》上就有这样一则报道。

1962 年，一个名叫纳西斯的海地人和自己的弟弟因为一笔遗产而争得不可开交。但是，没过多久，纳西斯就一病不起。在病床上，他的身体越来越冰凉，越来越僵硬。1 个月后，纳西斯被宣布死亡，他的家人为他举行了葬礼，将他安葬。

南美亚马孙河流域的土著人部落在很早以前就盛行巫术，那里的巫师具有人们想象不到的魔力，还魂尸就是出自他们之手。

在这短短的 1 个月时间里，医生给纳西斯做了许多次检查，可就是不能查出他到底得了什么病，为何去世得那么快。后来，有人怀疑纳西斯是被自己的弟弟毒死的，但是，却没有足够的证据。

1980 年，当纳西斯生前的邻居都快把他遗忘的时候，他突然出现在这些人面前。当人们看到已经死了将近 20 年的纳西斯又重新站在面前的时候，他们都吓坏了，以为这是纳西斯的鬼魂。当证实这的确是纳西斯本人的时候，他们又觉得不可思议，每个人心里都有一个疑问：纳西斯不是死了吗，怎么又活过来了呢？

据纳西斯说，他在弥留的时候，迷迷糊糊感觉到自己被抬进了棺材里。可不久，他又感觉到自己的双手好像被人绑了起来。这时，他想拼命挣扎，可是自己的双手似乎已经不受意识的支配，只能任人摆布。后来，他被带到了一个农场，和 100 多个与他一样的人一起干活。每天都有人给他喝一种药，他不知道那是什么药。几年后，那个给他喝药的人死了，他才逃了出来，回到了家乡。

听了纳西斯的讲述，他的亲朋好友都不相信这是真的，于是，他们把纳西斯带到了海地太子港精神病研究中心。经过详细检查，医生认为纳西斯没有患精神病的迹象，换句话说，纳西斯的话很有可能是真的。

这是怎么回事呢？当地人做了一个大胆的猜测：纳西斯在这将近 20 年里

几乎所有种类的河豚都含河豚毒素，这种毒素是一种神经毒素，具有很强的麻醉效果。所以，它才会成为"还魂药粉"的主要成分之一。

成了一具"还魂尸"。

所谓还魂尸，是指一个人"死后"又被巫师唤醒，成为供人驱使的奴隶，即人们常说的"行尸走肉"。据说，海地民间流行着一种诡异而神秘的宗教——巫毒教，巫毒教中最恐怖的巫术之一就是制造还魂尸。这些还魂尸能行动，能吃东西，但是，他们的意识处于一种极端模糊的状态，他们不知道自己身在哪里，甚至忘记了自己是谁。他们只听从主人的吩咐，在主人的驱使下进行各种劳动。还魂尸可以说是被奴役的僵尸。

关于还魂尸的说法是真的吗？许多外来的人都不相信海地有还魂尸，但是如果你仔细调查，就会发现当地有许多和还魂尸有关的故事。

据说，1959年的某一天，一具还魂尸蹒跚走进海地一个村落，闯入一所私人住宅。户主将还魂尸双手绑住，送到了当地警察局。警察抱着试试看的心理给还魂尸喝了一杯盐水，结果，那个还魂尸竟然清醒过来了。于是，他说出了自己的姓名以及姑母的住址。当警察把那个人说的姑母请到警察局时，他的姑母果然认出了他，并向警察证实，4年前自己的这个侄子就已经死了，她还参加了侄子的葬礼。警察觉得这件事很蹊跷，便向那个人询问更多的情况。据那个人说，当地一个巫师囚禁着许多和自己一样的还魂尸。当警察准备带着那个人去抓巫师的时候，那个人竟然神秘地死了。警察猜测，他一定被那个巫师下了诅咒。

不仅当地人遇到过还魂尸，外来的人也遇到过。据说，法国人类学家德鲁基在海地考察的时候，曾经亲眼看到了4个奇怪的人在田间干活。据德鲁基回忆，这些人穿着麻袋片做成的破烂衣服，双手软绵绵地垂在两旁。他们的脸孔和手几乎没有肉，皮肤则像皱羊皮纸似地附在骨头上。他们在田里机械式地干活，互相不说话，表情麻木。当德鲁基走向这些人，并和他们搭话时，这些人根本不理他。德鲁基觉得很奇怪。后来，在询问了当地人之后，他才知道这些人就是还魂尸。

众多类似的例子让人不得不相信还魂尸的存在。那么，这些人是怎么成为还魂尸的呢？

美国哈佛大学生物学博士戴维斯经过十多年的研究，向世人宣布："巫师之所以能够制造还魂尸，是因为他们掌握了一种强效'还魂药粉'。"

戴维斯曾深入到南美亚马孙河流域的土著人部落，致力于土著动植物药理和毒性效力研究。他发现，这里有很多毒草、毒物，如马钱子、曼陀罗、河豚、蟾蜍等都含有生物毒素。这些毒素的毒性很强，河豚毒素的麻醉药效比可卡因强 16 万倍，蟾蜍毒素和曼陀罗毒素有很强的致幻作用。

而且，戴维斯还从当地一个巫师那里偷偷了解到了他们制造还魂尸的一般做法：先用一定剂量的毒素使人假死，然后再用一定剂量的解毒致幻剂使其复活而任人摆布。要注意的是，使人假死的毒素剂量一定要掌握好，否则就还魂无术了。

为了弄清楚还魂毒素的成分，戴维斯还花钱买来当地巫师的"还魂药粉"。通过化验这些药粉，戴维斯发现，它们大都是由河豚毒素或蟾蜍毒素制成的。这些药粉能影响人的心脏系统或使神经系统的功能紊乱。

虽然对于制造"还魂药粉"的过程和方法等问题目前还没有找到答案，但是，戴维斯的研究成果为进一步了解还魂尸提供了非常有价值的资料。相信不久的将来，我们就可以弄清楚这些行走着的僵尸是如何被奴役的。

狼人家族的惊天秘密

在俄罗斯有这样一个传说：在很久以前，有一个狼人家族。这个家族的人全身长着狼一样的毛发，会像狼一样嗥叫，他们喜欢把小鸡连毛吞进肚里。在夜里，他们甚至会偷偷去墓地里盗出新掩埋的尸体吃掉。对于这一传说，很多人都不太相信。但是，几年前，俄罗斯《真理报》竟然刊登出一条爆炸性新闻：俄罗斯彼尔姆地区警官雷尼德·克柳切维斯基亲口证实，他的家族正属于传说中的狼人家族。整个俄罗斯一片震惊。

据雷尼德介绍，他1975年出生在彼尔姆地区安里普罗镇一个名叫利得里德契尼卡的小村子。在雷尼德很小的时候，他就发现，每当月圆之夜，父亲就会离开家里。一个月圆之夜，10岁的雷尼德出于好奇，带着弟弟尾随着父亲来到了野外。当时月亮正圆，雷尼德看到父亲对着月亮，发出一声声嗥叫，那声音十分像狼的叫声。从此，兄弟俩的心里蒙上了恐惧的阴影。

1996年的冬天，雷尼德的父亲酒后倒在路上冻死了。在父亲的葬礼前夜，21岁的雷尼德目睹了一个更为恐怖的场面。那天夜里，在曾祖母指挥下，他的祖父和叔叔们把雷尼德父亲遗体上的棕丝布一层层解开，然后又脱下遗体上的衣服。这时，雷尼德惊讶地发现，在父亲的身上长满了灰白色的细毛。他这时才明白，为什么父亲从来不和他们一起洗澡，夏天也穿着长长的衣服。接着，雷尼德看到祖父拿出一把烟丝，并把它塞到了父亲的嘴里。之后，祖父又拿出一把尖刀，将父亲的脚筋挑断。雷尼德被眼前的这一幕惊呆了，他不敢相信自己的眼睛。

事后，为了弄清事情的真相，雷尼德一再追问曾祖母："为什么要把父亲的脚筋挑断？"曾祖母无奈之下，只好告诉他一个有关克柳切维斯基家族的可怕秘密。

在彼得一世统治时期，克柳切维斯基家族住在圣彼得堡。那时，家族的祖先基里连科是俄罗斯最有名的列特里特伯爵的卫士。在一次与宫廷卫士罗芙亚德的决斗中，他一剑刺死了罗芙亚德。罗芙亚德的妻子赛丽莱是一位吉卜赛炼金术士，她在一次宴会上，当着众宾客的面，发出毒咒，要克柳切维斯基家族的后代中，一个一个都变成豺狼。基里连科非常担心赛丽莱的诅咒会应验，于是，他打算向彼得一世请辞，离开圣彼得堡，到基辅去。基里连科希望远离赛丽莱后，这个诅咒就会自动消失。在他离开圣彼得堡前往基辅的路上，彼得一世突然派使者骑马追上他们，赐予基里连科一把骑士宝剑。这是基里连科梦寐以求的宝剑，他欣然接受。

基里连科带着全家，来到基辅。在外婆留下的阿曼城堡住了下来。后来，他的妻子连生了6个儿子，一家人幸福地生活在一起。基里连科也逐渐忘记了那个诅咒。但是，他最担心的事情还是发生了。在基里连科刚满60岁的时候，他的四儿子突然疯了，像狼一样见人就咬，而且身上也长出了灰白色的毛。在基里连科90岁时，他的一个11岁的孙子身上也长起了灰白色的毛。基里连科的家族成了真正的狼人家族。基里连科从阿拉伯请来的巫师对此也毫无办法，他只是建议基里连科把每一个变成狼人的死者都挑断脚筋，否则他们死后就会成为吸血鬼。所以，雷尼德就看到了那可怕的一幕。

听了曾祖母的讲述后，雷尼德决心找出破解这个诅咒的方法。为此，他还专门搜集了许多有关巫师赛丽莱的资料。后来，他终于找到了一个突破口：

凶残的狼和人类的结合造就了狼人传说，而俄罗斯的狼人家族似乎又把这个传说变成了现实。

月圆之夜，克柳切维斯基家族的狼人经常"兽性大发"。
专家解释说，这可能是满月时地球磁场发生变化所导致的。

赛丽莱这个巫师不仅是个人见人怕的魔鬼，而且她是一个成功的冶炼师，经她打造的宝剑，可以隔空伤人。这让雷尼德立即想到了那把受赐于彼得一世的宝剑。

于是，雷尼德和一位对此事很感兴趣的人类遗传学家甫克洛·任尼克姆斯基教授来到了阿曼城堡。他们在城堡中到处搜寻，但是一无所获。他们唯一的发现，就是瓦砾下的一个地洞。他们走到了地洞的尽头，除了旧木酒桶之外，什么也没看到。所以，他们只能无奈地回去了。

可是，第二天，雷尼德和甫克洛竟然都病倒了，他们住进了同一家医院。医院的化验结果显示，他们可能受到了放射线的照射。得到这一线索后，雷尼德和甫克洛带着相关专家和检测仪器又来到了阿曼城堡内的小洞附近。结果，他们在洞穴尽头的一个石板下发现了那把宝剑。经过专家的鉴定，这把宝剑中含有少量放射性元素钋-210。这就是导致克柳切维斯基家族变成狼人家族的罪魁祸首。种种迹象表明，这把宝剑是赛丽莱借彼得一世的名义送给雷尼德的祖先的，她在打造宝剑时，加入她炼金时发现的能使人身体发生变异的放射性物质。克柳切维斯基家族的人长期受到这种放射性元素的影响，导致基因变异，成了传说中的"狼人"。这就是俄罗斯狼人家族背后的秘密。

蓝色人种，科学如何解释

　　众所周知，世界上的人按照肤色来分，主要包括黑种人、白种人、棕种人和黄种人。但是，有人竟然还见过蓝种人，你相信吗？

　　几年前，一支考察队在非洲西部一个与世隔绝的山区进行自然植被和野生动物的考察与研究工作。

　　一天，考察队员经过一个茂密的树林时，忽然看见树上有几个人影闪过。由于树叶的遮挡，他们看不清这些人的样貌。这些人怎么会在这里出现？他们为什么能在树上如此灵活？这些疑问驱使着考察队员悄悄地跟了过去。

　　考察队员走了没多久，就发现在树林的深处住着一些原始的人类。他们用兽皮和树叶遮体，样子就像非洲的土著人，唯一不同的是，这些人的皮肤好像是蓝色的。这个世界上怎么会有蓝色人种？考察队员感到非常疑惑，当他们打算走近些观察时，却不幸被这些原始人发现了，这些原始人对他们怒目而视，他们立即拔腿就跑。

世界上大多数人都没有见过蓝色人种，在人们心目中，所谓蓝色人种，可能就是全身像涂了蓝色的染料一样的人。

回到营地后，考察队员仍然不太相信世上有蓝色人种，他们怀疑是不是这些人身上涂了什么蓝色的染料。于是，考察队员决定做进一步调查。经过几天的秘密跟踪调查，考察队员发现，这些原始人竟然是一个庞大的家族。他们居住在洞穴之中，过着原始的狩猎生活。而且，考察队员还发现，当这些原始人受伤的时候，他们流出来的血竟然是蓝色的。考察队员认为，可能是蓝色的血液使这些原始人呈现出蓝色的皮肤。

在这神奇的发现公布不久，美国加利福尼亚大学医院的著名运动生理学家维西也向世人宣布曾见过蓝种人。

发现蓝种人那天，维西正在智利的奥坎基尔查峰海拔 6000 多米的高处。当时，他突然看到远方走过来一个浑身皮肤发着蓝色光的人，只见这个人在空气稀薄的高山上竟然活动自如，一点也没有高原反应的迹象，一般人的活动能力根本无法与之相比。遗憾的是，没等维西赶上这个人，他就已经快步消失在高原中了。

另外，据说在非洲撒哈拉沙漠中，也有人曾经见过一批为数不多的蓝色人种。

一位美国生物学家也说，他在考察喜马拉雅山时，曾经看到一些蓝皮肤的僧人。最让他感到吃惊的是，这些蓝皮肤的僧人不仅在海拔这么高的高山上活动自如，而且还能做繁重的劳动。可见。这些蓝色皮肤的僧人具有超常

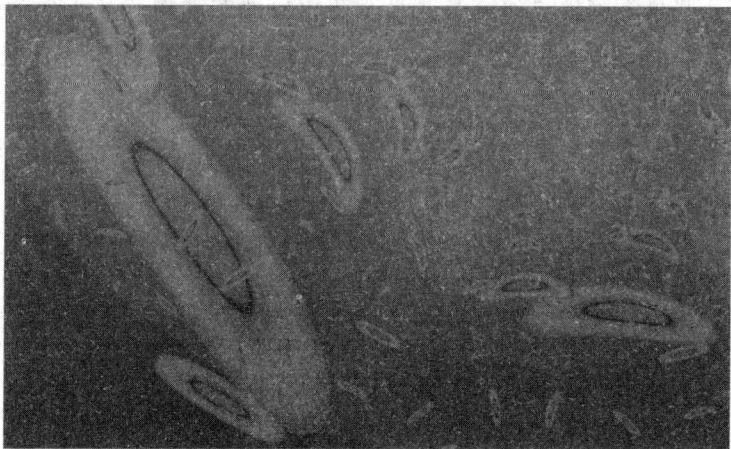

马蹄蟹的血液中含有铜离子，当铜离子和氧结合后，形成血蓝蛋白，使血液呈蓝色。这种蓝色的血液一旦接触细菌，就会凝固。

的体力。

　　这些有关蓝色人种的案例，使人们不得不面对一个事实：这个世界上很可能有蓝种人。

　　那么，为什么他们的皮肤会是蓝色的呢？为什么这些蓝色人种的血液不像白种人、黑种人、黄种人和棕种人那样都是红色的呢？对于这些问题，科学家产生了争论。

　　一种看法认为，皮肤的颜色和血液的成分关系密切。由于血液中的红细胞中含有一种叫血红蛋白的红色蛋白质，因而使血液呈现红色，白种人、黑种人、黄种人和棕种人的血液都是这样。而蓝色人种的血液中含有一种"超高血型蛋白"，但是，与此同时，他们的血液中缺乏一种控制这种蛋白增长的酶。这两种因素导致他们的血液呈蓝色，皮肤也是蓝色。

　　另一种看法认为，蓝色人种的存在是一种病理状态。他们血液中某些化学成分发生了异常变化，这种变化很可能是由于某种"特殊病态基因"造成的。一些美国科学家提出：在血细胞内，血红蛋白负责输送氧气，当氧气充足时，血红蛋白会呈现红色，所以常人血液皆为红色；当缺乏氧气时，血红蛋白就会呈蓝色。蓝色人种可能就是由高山缺氧造成的。研究人员发现，蓝种人的血液中血红素大大超过了正常人，这大概就是他们能适应高山缺氧环境的原因。

　　还有一些科学家通过研究某些具有蓝色血液的动物，得到了一些线索。他们指出，海洋中有一种叫马蹄蟹的动物，它的血液就是蓝色的，它的血液中含有铜离子。专家由此推测，血液的颜色可能是由血色蛋白中含有的元素所决定。含有铜元素的血色蛋白，使血液呈现蓝色。从这一理论出发，科学家认为蓝色人种的形成可能与血液中缺乏铁元素而铜元素过多有关。

　　总之，到目前为止，人们对"蓝色人种为什么皮肤和血液都是蓝色"这个疑问众说纷纭，莫衷一是。其中，许多解释都有其合理的一面。关于蓝色人种的科学争论仍在继续。对于我们人类而言，无论结果是什么，它都说明，在这大千世界之中，还有许多我们未知的人、未知的秘密等待着我们去探索和发现。

"死而复生"的真相

2006年的6月19日，对于家住广西壮族自治区藤县塘步镇的坤兰来说是一个特殊的日子，因为就在这一天，她去世两天的丈夫金石突然"复活"了……

40岁的金石一直受糖尿病的折磨，而且病情越来越严重。后来，他只能卧病在床，由年迈的母亲定时送水送饭，而他的妻子坤兰则在外面打工挣钱。6月17日上午，金石的母亲照旧来到金石的床前，但是她却发现金石躺在床上一动不动。于是，她急忙叫来金石的大哥，金石的大哥看到金石已经没有了呼吸和心跳，而且身体僵硬，便立即请来当地的仵作。仵作说金石已经断了气。这让金石一家顿时陷入了极度的悲伤之中。金石的大哥连夜叫回金石在外打工的妻子和女儿，准备给金石办丧事。

为了早日让金石入土为安，6月19日，在他死后的第二天清晨，村里人抬着他的棺木走向坟地。当时，天空乌云密布，令人非常压抑。幸好下葬过程比较顺利，金石最后被埋在了南安村村尾的山坡下。

根据当地的风俗，人死后要"祭七"，考虑到家里的实际情况，坤兰打算早些出门打工，就想赶当天晚上7点钟这个"七"，去和金石告别。于是，坤兰带着鞭炮、蜡烛、红纸等祭品来到丈夫坟前。此时，意想不到的事情发生了。

当坤兰正在金石坟前铺红纸的时候，她忽然听到金石的坟里有声音，而且，好像是金石的喊声。她开始以为是自己太思念丈夫了，所以产生了幻觉。但是，这个声音却不断从金石的坟里传出来。坤兰赶忙叫来村里的人，让他们帮忙挖出棺材。当他们揭开棺材盖的时候，竟然看到棺材里的金石"复活"了。金石不仅活着。而且还向坤兰要白开水喝，但是当时没有白开水，坤兰只好给他灌了几口茶水。随后，几个年轻力壮的人便把金石抬回了家。

金石"死而复生"的消息顿时在村里炸开了锅，村民们有的认为这是

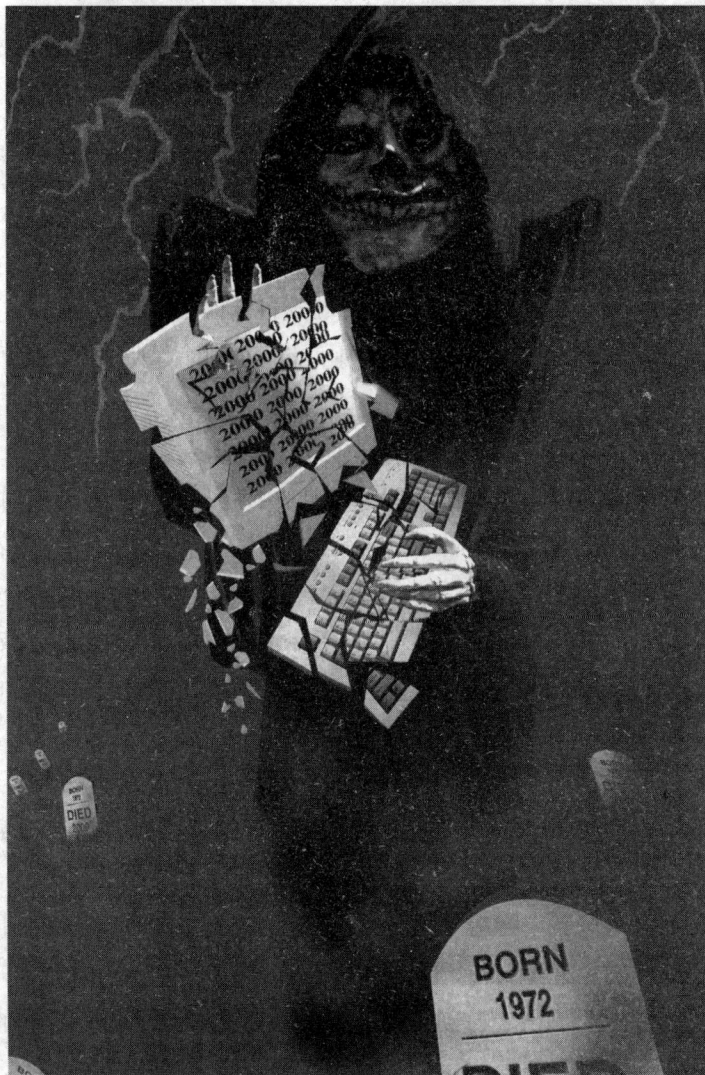

坟墓里的"死尸"突然复活，是超自然力量使然还是另有隐情？最后，医生给了塘步镇人一个让人安心的答案。

"诈尸"，有的认为从棺材里出来的不是金石本人，而是他的鬼魂。总之，对于金石"死而复生"这件事，村里人非常害怕，因为根据他们的想法，金石的复活就意味着村里要有一个人代替他去死。

金石的家人对于这件事也无法解释清楚，因为当时他们是确定金石死了之后才安排葬礼的。为此，他的哥哥还专门请来当地的仵作。而且，村里几

刚死的人有时胸中还残留一口气，如果被什么冲撞了一下就会假复活，这就是平常说的"诈尸"。金石的"死而复生"让人不禁联想到了"诈尸"。

乎所有人都看到了灵堂前已经僵硬的金石的尸体。

这到底是怎么回事呢？金石为什么会"死而复生"呢？

为了弄清这个问题，金石的家人把"复活"后的金石送到了藤县人民医院。金石虽然"复活"了，但是，经过检查，他的身体状况非常差，一只脚已经烂得不成样子了。听了金石的离奇经历后，医生对此非常感兴趣。可他们并不相信"死而复生"的事情。他们认为，唯一的可能就是金石当时并没有死。医生的这个判断让村里的人很不理解，根据金石当时的身体状况，应该是已经死了，否则怎么会没有呼吸、没有心跳、手脚冰凉、身体僵硬呢？

医生解释说，金石的血糖很高，当时应该处于高渗性脱水或者是高渗性昏迷状态。他患的是严重的糖尿病，一般人的血糖是每百毫升 3.9～5.5 毫摩，而他的血糖指数是 38.28 毫摩，超出常人很多倍。在这种情况下，很容易出现高渗性脱水或者是高渗性昏迷的情况。病人一旦处于这种状态，呼吸和脉搏都会很弱，而且四肢也会变得非常冰凉，关节变得僵硬。没有经验的临床医生，可能都会认为病人死亡了。这就是为什么村里人都说金石已经死了。

那么，金石又是怎么"复活"的呢？

医生又解释说，可能是由于金石在棺材中逐渐陷入缺氧状态，而缺氧起到了一种促醒的作用，对大脑皮层产生了一种刺激。这种刺激的意思就是，你再不醒的话，你就要因缺氧而死了。在这种刺激的作用下，金石逐渐清醒过来。恰好，这个时候又遇上坤兰来上坟。这样，他就"复活"了。

听了医生的解释，金石的家人松了一口气，全村的人也松了一口气，笼罩在人们心中的阴郁也逐渐散去。

挖掘 "5 年不进食" 的秘密

在一般情况下，一个人如果只靠喝水，大概只能坚持 7 天不吃饭。7 天之后如果还不进食，人体的各个内脏器官就可能进入衰竭的状态，最后生命也就要终结了。但是，在大连瓦房店却有这样一个奇女子，她自称 5 年都没有吃过饭。

这个奇女子是一位普通中年妇女——冷云。冷云在当地开了一家理发店，经过 5 年的辛苦经营，理发店的生意一直不错。由于生意很好，所以冷云经常一忙起来就忘了吃饭。

有一天，理发店里特别忙，冷云到下午 2 点钟还没有吃上饭。等忙完了之后，冷云就让自己的徒弟到市场上给她买两个小饼吃。但是，吃完小饼之后，她就觉得非常不舒服，胃里像翻江倒海一般，没一会儿她就把吃的东西全都吐了出来。

接下来的几天，冷云一点食欲也没有。每次家人吃饭，她都只是看着，自己不吃。后来，冷云去医院检查，可医生也看不出冷云哪里出了问题。冷云的丈夫黎玉春对此不知道如何是好，他总觉得不吃饭不是一件好事。所以，为了引起妻子的食欲，黎玉春在饭菜上下足了工夫。他变着花样给妻子做好吃的，但是冷云还是没胃口。而且，黎玉春发现，即使喝一口粥，冷云身体都会出现异常的反应：脸涨得通红，腿肚子很疼，有时眼睛也看不清了。黎玉春一看冷云吃得这么难受，也就不再勉强她了。就这样，每次吃饭，冷云都在一边静静地看着，她每天只喝水，而且只喝自来水或者矿泉水，不喝热水、茶水和饮料，奶也不喝。

只喝水就能维持生命吗？也许这听起来有些不可思议。但是，据冷云说，5 年来她就是靠喝水活了下来，她喝的水还是从冰箱里冻过的冰水，每次黎玉春都要把冰敲碎，然后加入矿泉水。在这 5 年里，冷云说她都没有吃过一点东西。

众所周知，只有植物才能只靠阳光和水维持生命，作为一个正常人，几天不吃东西已经很难忍受了，何况 5 年不吃。冷云这 5 年来究竟是靠什么生存的呢？难道这点冰水就能让她维持生命吗？

为了找到答案，黎玉春又一次把妻子带到了医院，他们来到了位于辽宁沈阳的中国医科大学附属第一医院。医院里的医生听说冷云都 5 年没有吃东西了，感到非常奇怪，他们给冷云做了一个全面的身体检查。

然而，冷云的健康检查结果显示，她体内负责代谢的重要器官的功能并没有衰竭，而且，根据她的彩超及其他检查报告分析，冷云身体的情况总体还是非常好的，属于健康人的范畴。可医生并没有因此而承认冷云可以只靠水维持生存，医生经过综合分析之后认为，冷云很可能处于长期偏食或短期未进食的状态，5 年不吃东西是不可能的。

如果是这样，为什么冷云坚持说自己 5 年来都没有吃东西呢？这时，黎玉春又回忆起一件事，他说，冷云出现过暂时性失明和失音的情况，只是后

早期印度宗教中以"苦行"为修行手段的僧人，被称为苦行僧。据报道，一位印度苦行僧 68 年不喝水也不吃东西，身体仍然非常健康。"5 年不吃饭"的冷云似乎也有苦行僧的修行架势。

来不知不觉又好了，所以他们夫妇也没太在意。了解到这一情况后，眼科和耳鼻喉科专家分别对冷云进行了检查，他们并没有发现器质性的病变。对于冷云的奇怪症状，他们认为这是神经性的。由此，医生怀疑冷云可能精神上存在疾病。于是，医生对冷云进行了一个心理测试，心理测试的结果显示，她出现了中等抑郁和中等焦虑的症状，可见她是一个患有心理疾病的人。

医生通过进一步的检查认为，冷云患有严重的癔病。癔病是一种精神和心理类的疾病，这类患者往往特别容易受到心理暗示。冷云本身心理上就是一个容易接受别人暗示的人，父母去世后，为了经营好理发店，她又一直承受着巨大的心理压力。在她吃小饼引发呕吐之后，这种心理上的疾病终于爆发出来，而且集中表现在她的消化系统上。后来，病情逐渐严重，最终导致了她长期厌食和偏食。

所以，冷云在这5年里并不是真的绝食，而是心理上的暗示作用让她认为自己5年没有吃东西。在这一过程中，她的丈夫黎玉春也加剧了冷云的这种心理暗示。每当冷云想吃东西的时候，黎玉春又会暗示她，让她认为自己在绝食。如此反复，终于使冷云的癔病越来越严重，导致她长期厌食和偏食，甚至出现暂时失明等症状。可见，冷云并不是一个奇人，而是一个需要医生帮助的病人。

"40 年不眠" 之谜

睡眠是一个人一生中必不可少的一件事情，有关资料显示，我们一生中有将近 1/3 的时间用于睡眠。然而，在河南省中牟县九龙镇的老张庄村，竟然有一个自称 40 年都没有睡眠的妇女。

这名妇女名叫李占英，是当地的一名农妇。据李占英说，她从懂事起就没有睡过觉，至今已经有 40 多年了。在这 40 多年里，李占英不睡觉，也不觉得困，头也不蒙，身体更没有不适的症状。

20 多年前，李占英和丈夫刘锁勤结了婚，如今他们已经有了 3 个孩子。刘锁勤和李占英结婚半年左右，就发现她不喜欢睡觉。每次刘锁勤问李占英为什么不睡觉，她总说自己不困。如果刘锁勤硬要妻子躺在床上睡觉，她就会不停地翻来覆去，总是合不上眼。当时，刘锁勤怀疑李占英可能是失眠，所以给她买来了安眠药。可是，无论吃多少安眠药，李占英就是睡不着。这下，刘锁勤可就真着急了，他要妻子去医院检查，但李占英说什么都不去，坚持认为自己没有病。

原来，李占英除了不睡觉之外，身体没有任何不良反应。她不仅精神很好，而且力气还很大。她每天三四点就起来给孩子们做饭，做完饭就下地干活。一直干到傍晚才回家，一回家又是喂猪、做饭，几乎没有闲着。晚上吃完晚饭，李占英就和邻居们一起打牌，当邻居们已经打得没有精神了，李占英却还神采奕奕。据村里人说，有时李占英晚上没事做，还会去地里干活，三四千斤的麦子，她一个晚上就能背回去。

如此看来，李占英不睡觉这个问题的确对她的生活没有任何影响。但是，对于一般人来说，睡眠是必需的。人体像一部复杂的机器，每天都要进行复杂的生命活动，所有的器官和组织都会在这一过程中发生磨损和消耗，所以，需要通过睡眠来使这些器官和组织得到休息和修复。如果长期不睡觉，就会造成身体机能紊乱，严重的甚至会导致死亡。可是，李占英竟然 40 多年没有

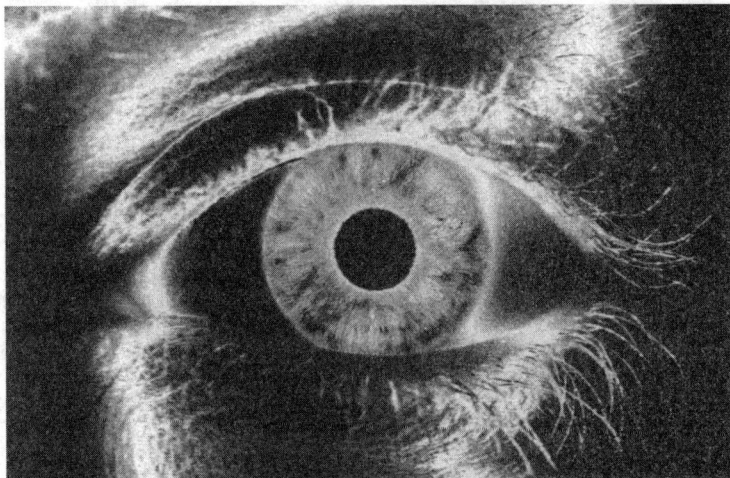

克拉拉被电击后，8 年没有睡过觉。她由于电击时受了刺激，所以产生了失眠的症状。医生认为，李占英没有类似的外界刺激，所以她整夜失眠的可能性不大。

睡过觉，而且身体状况良好，这到底是怎么回事呢？

一般来说，一个人如果长期失眠，一定有其原因。在俄罗斯，有一名叫克拉拉的妇女，她 8 年没有睡过觉，原因就是她曾经被雷电击中过。电击的经历使她受到了严重的刺激，所以她患上了失眠症。可是，据医生了解，李占英并没有像克拉拉那样有明显的失眠原因，所以她失眠的可能性不大。

难道李占英在撒谎，她并没有失眠？

为了弄清楚事实的真相，李占英应邀来到了北京市朝阳医院。医生给她做了一次多导睡眠图，李占英是否睡觉就可以从多导睡眠图中不同颜色的线看出来。为了确保测量结果的准确性，医生把李占英和她的丈夫安排在了一个高级病房，这个病房里只有他们两个人，测量时间为 48 小时。在这 48 小时里，李占英手上将会被带上一个轻便的腕表式仪器，同时，病房中的摄像头将会全程记录下她的一举一动。

48 小时很快就过去了，测量结果显示：李占英不是没有睡眠，而是睡眠质量比一般人还要好！多导睡眠图中显示，李占英在这 48 小时中累计睡眠时间高达 16 个小时，其中深度睡眠时间比常人还多。只是她的睡眠连续性很差，总是睡睡醒醒，但是，无论如何，她的确是睡觉了。

但是，当医生把这个消息告诉李占英时，她却认为仪器测量不准确，因

191

为自己明明没有闭过眼。从监视录像来看，李占英也的确没有闭眼。这是怎么回事呢？医生解释说，李占英睡眠的时候不是像常人那样闭着眼睛，相反，她是睁着眼睛睡觉的，所以很难察觉出来。从录像上看，当睡眠图显示李占英正在睡觉的时候，她虽然睁着眼睛，可她的眼球明显地反应迟钝。所以，我们可以得出结论，李占英是一个睁着眼睛睡觉的人，而且她睡觉的状态随时都可能发生，只是她的睡眠方式与众不同而已。"40 年不眠"的秘密终于解开了。

族谱上的 "矮人" 诅咒

几年前的一天，南京军区南京总医院的儿科主任医师魏丽珠接收了一个奇怪的病例：一位母亲认为她的儿子可能受到家族的诅咒，将来会成为一个矮人。身为医生的魏丽珠起初对这一说法并不相信，可是随着了解的深入，她觉得这件事并没有她想象的那么简单。

这个母亲名叫小娟，她的儿子毛毛只有 11 个月大，身高大约是 65 厘米。一般 11 个月大的孩子身高应该至少 75 厘米，毛毛的确有点矮，可孩子早长晚长各不相同，这也是可以理解的。然而，当毛毛爸爸小许出现的时候，魏医生就不这么认为了。只见他身高只有 1.4 米左右，而且腿有点跛。随后，小娟就给魏医生讲述了一个关于小许家族的可怕诅咒。

小娟和小许结婚没多久，小娟就怀孕了，她把这个喜讯告诉了小许。可是，不知道为什么，小许好像并不怎么高兴，而更让小娟伤心的是，小许的家人竟然劝她把孩子打掉。小娟说什么都不同意，无奈之下，小许的家人告诉了小娟一个令她非常震惊的事情：他们家族中有一个可怕的诅咒。凡是个子矮的人，他们的第一胎都是矮人，一连几代都是这样。小娟对此无法理解，于是，小许的家人讲述了诅咒的由来。

许家的第一代人是许陈氏，她个子很矮，但跟丈夫的关系非常好。不幸的是，许陈氏的孩子中老大、老四、老五个子都比较矮。后来，许陈氏的孩子都相继结婚生子，老大、老四和老五也不例外。然而，老大生的第一个孩子也是一个个子比较矮的人；老四生的第一个孩子就是小许，他的个子也不高；老五的第一个孩子个头也很矮。由于连着两代都出现了这样的问题，许家人对此非常担心。后来，他们从族谱中总结出一个规律：一般情况下，家族中个子矮的人的第一胎肯定受到了诅咒，这个孩子生出来后个子会特别矮。这就是为什么，当得知小娟怀孕之后，小许家族的人就开始着急了，他们担心，小娟肚子里的孩子会是一个矮人。

小娟听了他们的讲述之后，也开始担心起来。于是，经过考虑之后，她忍痛打掉了第一个孩子。因为只有这样，才能保证后面的孩子是健康的。第二年，小娟再次怀孕，并顺利地生下了毛毛。一家人为此非常高兴，大家都认为打掉第一胎之后，诅咒就解除了。可是，随着毛毛一天天长大，小娟总觉得孩子有些不对劲，毛毛的个头似乎越长越慢了。小娟担心毛毛将来可能会长不高。

小娟的担心在家族中掀起了波澜：家中一些人认为，既然毛毛已经是第二胎了，肯定不会再有问题，个头矮只是暂时的；而另一些人认为，毛毛越长越像矮人了，这说明那个诅咒的威力实在强大，即便放弃了第一胎，矮人家庭第一个孩子仍然还是矮人！残酷的现实让家族里的人感到非常恐惧，难道家族里的矮人永远不能摆脱宿命吗？

为了弄清楚真相，小娟来到了南京军区南京总医院。听了小娟的故事后，

在世界各地都会有一些身材矮小的人，他们的出现，大多属于家族的偶然现象。而在我国江苏，却有一个被"诅咒"困扰的矮人家族，他们的后代因此非常苦恼。

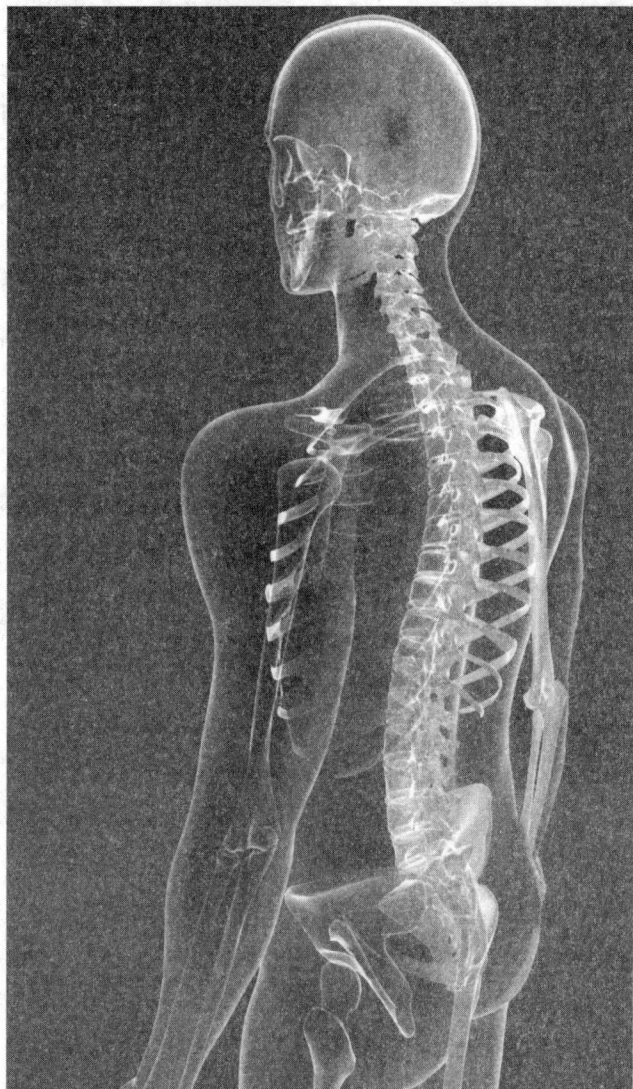

根据医生的诊断，小许家族中的矮人都是先天性的脊柱骨骼发育不良造成的，可是究竟是哪个基因影响了脊椎骨的发育，医生还需要进行进一步的研究。

魏医生认为，毛毛很有必要做一个详细的身体检查。负责检查的崔主任猜测，小许的家族可能存在基因方面的遗传病，他建议小娟先把这个遗传病弄清楚。

于是，崔主任和助手来到了远在苏北的小许家，给他们家的每一个矮人检查了身体、采集了血样。之后，崔主任还请当地医院为他们进行了 X 光检查。在 X 光照片里，医生们发现了这些矮人身上的很多病变，其中两点非常明显：第一点，相比正常人椎骨之间明显的软骨组织来说，这些人的软骨很薄，椎骨每一节也比正常人要短，加上他们的脊柱会呈 S 状扭曲，所以整个人就比较矮；第二点，他们的股骨头几乎没有发育，作为行走时的运动关节，它的磨损非常严重，所以这些人都行走困难。而最让医生们揪心的是，这样的两种病变，在毛毛的 X 光照片中也有了初期的表现。

一个家族几代人都有同样的病变，罪魁祸首很可能是基因，可到底是掌管身体哪些组织的基因出了问题呢？目前医生还没有给出明确的答案，因为这需要进行一系列的实验。但有一点可以证实，所谓的"诅咒"根本不存在，是特殊的基因造就了今天的矮人家族。

神奇的黑夜透视眼

人们常说"黑夜是恐怖的"，原因之一就是在伸手不见五指的黑夜里，人的眼睛失去了作用，人因为没有安全感而感到恐惧。可是，在河南封丘县曹岗乡，却有一名能够在黑暗的屋子里看报纸的人，他就是刘朝行。

一天夜里，几个朋友来刘朝行家玩牌，喜欢读书的他并没有和朋友一起玩，而是坐在一旁看起了报纸。这时忽然停电了，朋友们都停止了玩牌，而刘朝行却还在看报纸，更不可思议的是，刘朝行居然把报纸上的文章清清楚楚念了出来。

不仅如此，刘朝行还能看到常人不能看到的、极其微小的字。他曾经跟人说，第二代身份证上部的花纹图案中心，隐藏着几个小字母——JMSFZ。大家不信，因为大家怎么看都看不到。可是，当有人找来高倍放大镜观察时，果然看到了大小不足0.5毫米的字母。

刘朝行这种神奇的本领，让所有邻里都惊叹不已。但是，了解他的人都

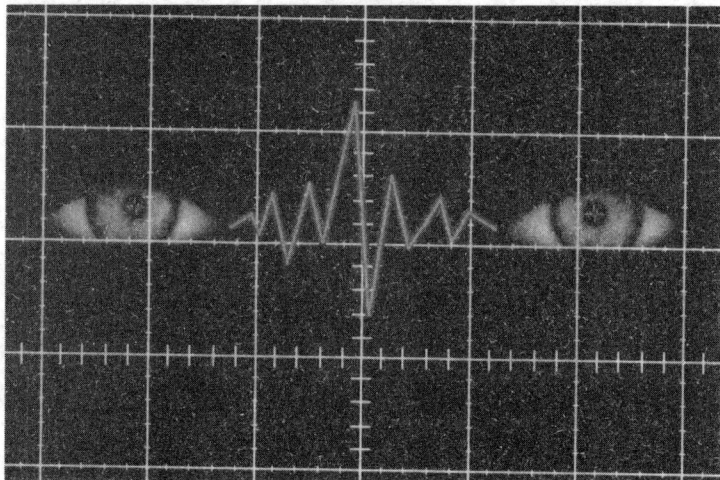

人的眼睛是在接收到外界的光线之后才能够看清事物的，但是对于高度近视的刘朝行来说，在缺少光线的情况下，视力似乎更好。

知道，刘朝行的眼睛其实是高度近视。从小学一年级开始，刘朝行就坐在教室的第一排，即使这样他也只能看清老师写在黑板正中央的大字。因为他自打出生起就看不清一米以外的世界是什么样子，所以在村里他很少主动与对面走来的乡亲打招呼。很多人都说，即使在白天，没有戴眼镜的刘朝行几乎都是贴着报纸看，可见他的近视是多么严重。那么，这样一个高度近视的人，怎么会拥有一双"夜视眼"的呢?

为了弄清楚刘朝行双眼的秘密，一名记者从北京同仁医院借来了一台光线强度测量仪，并对他夜里看报纸时的光线强度进行了测量，结果令人大吃一惊。刘朝行黑夜看报时的光照度竟然只有 0.01 勒克斯（光照度的单位）。夏天，阳光下的光照度一般能达到 10 万勒克斯；日光灯的光照度为 1200 勒克斯左右；距离一支蜡烛的烛光 20 厘米处的光照度是 10 ~ 15 勒克斯。在 1 支蜡烛的烛光下，一般人看报已经是很困难了，更何况在光照度只有 0.01 勒克斯的黑夜里。

人们对刘朝行的这种本领越来越难以理解。后来，有人猜测，这也许与刘朝行的高度近视有关。

为了确定刘朝行的近视程度，他被带到了一家正规的眼镜店，人们希望利用眼镜店里的验光仪器，测量一下刘朝行眼睛的度数。可是，当电脑验光机测试刘朝行眼睛度数的时候，不可思议的一幕出现了。电脑验光机竟然读

在现代战争中，人们发明了许多夜视仪器，在这些仪器的帮助下，士兵们也如同具有一双夜视眼一样。

不出度数。可是换另外一人测量，机器又恢复了正常。

这到底是怎么回事呢？在河北省邯郸市第三医院对刘朝行进行了一次全方位的眼部检查后，这个原因找到了，原来刘朝行近视的度数太高了，竟然超过3000度，而普通电脑验光仪器的上限在2600度左右，超过这个度数机器就会停止工作。

3000度以上的近视，这样的近视程度可能在我国并不多见。可这个高度近视的刘朝行，却能够看到身份证上的微缩字，这不得不让人疑惑。但是，医生对此并不感到奇怪。他们说，医学上有一个"视角"的概念，近距离看东西视角要比远距离看东西的视角要大。以一个四号字为例，如果在一尺远看是一个效果，但如果贴近来看，这个字显得比一号字还大。正常视力的人，眼睛和物体之间能看清楚的最近距离在20厘米左右，再近就虚了。而刘朝行这类的超高度近视者，眼睛和物体之间可以贴得很近，大约两三厘米左右，这样一来，根据近大远小的道理，原本0.5毫米大小的微缩字母，也就被放大到了5毫米左右，刘朝行自然就看得很清楚了。

如果刘朝行能看微缩字是超高度近视造成的，那么，"夜视眼"又怎么解释呢？

邯郸市第三医院的专家认为，刘朝行可能具有超常的暗视力。暗视力是指在黑暗环境下看清周围事物的能力，这种能力有人强有人弱，比如进入电影院时，暗视力强的人很快就能适应黑暗环境，马上就找到了座位，但暗视力弱的人却需要很长时间才能适应，这时只能摸索着前进。为了验证刘朝行暗视力的强弱，医生在一个昏暗的房间里，对刘朝行进行了暗视力对比度测试。但是让所有人都没有想到的是，刘朝行的暗视力竟然还不如一个正常人。

这下，刘朝行的"夜视眼"之谜似乎找不到答案了。正在这时，邯郸市第三医院的医生听说北京同仁医院那里正好有一位2000度的超高度近视患者，经过试验，他也能夜视读报。这个意外发现，给了医生重要的启示，他们最终找到了答案。原来，刘朝行在夜里能看到字根本就不是什么超能力，而是源于超高度近视者共有的一个特性：这类人群眼睛里已经变形的晶状体就相当于一个放大镜，能把报纸上的五号字放大成二号字甚至一号字，这样在微弱的灯光下也就能够看见了。"夜视眼"之谜终于解开。

奇异"紫手人"

在大自然中，有一种动物叫变色龙，它可以根据环境的变化不断改变自己的颜色。而在西安市东郊的一个普通村落里，也有一个像变色龙一样，双手可以变色的人。这个人的名字叫刘秋霞。刘秋霞为了增加家里的收入，一直在城里做保洁工作。但是，5年前突然发生的一件事，改变了她的生活。

当时正值冬季，一天下午，刘秋霞像平时一样下班回家，她挎上篮子准备到地里挖点菜。由于天气寒冷，地里的菜被冻得冰凉。刘秋霞一边挖，一边把菜往篮子里装。正在这时，她突然觉得手指一阵刺痛，而且这种疼痛感越来越强。刘秋霞以为是天气太冷了，双手被冻坏了，所以她使劲搓手，并不停地哈气取暖。可是，这种疼痛感一点也没有得到缓解。不仅如此，刘秋霞还看到自己的双手冻得变了颜色：先是变成了白色，然后又慢慢变成了紫色。

看着自己变色的双手，刘秋霞不禁害怕起来，双手剧烈的疼痛更让她难以忍受。刘秋霞赶回家后，她的丈夫连忙用热水给她暖手，渐渐地，她的双手恢复了正常。但是，夫妻俩并没有因此而放心，刘秋霞的手怎么会突然变色呢？他们有种不祥的预感。

随着深冬的来临，刘秋霞手指的疼痛感更加严重，手指变色的情况也更加频繁。她的双手一受冻，就会变成紫色。

由于手指一遇冷就疼痛变色，刘秋霞再不敢碰凉水了，洗衣、做饭、洗菜等家务活基本上都用温水或热水。为了供养3个在外读书的孩子，刘秋霞坚持做着保洁的工作。虽然手指依旧会疼痛变色，但她觉得只要捱过冬天或许就会好了。可是，冬天还没有过去，更可怕的事情发生了。刘秋霞的手指尖开始溃烂，手指甲一个冬天都没有长。而且，她的手背也起了变化，开始变硬，上面的肉绷得紧紧的。

这时，刘秋霞意识到了事情的严重性。为了避免病情恶化，她在丈夫的陪同下来到医院救治。但是，医生的回答让他们非常失望，因为医生也无法判断刘秋霞的双手为什么会变色。这就让他们更加不安了。难道刘秋霞得了什么怪病？这种病症会不会蔓延全身？会不会传染呢？这些可怕的想法一直困扰着夫妇俩。为了弄清楚病因，刘秋霞夫妇走遍了城里所有的医院，可是都没有结果。直到有一天，他们来到一家医院，那里的医生判断刘秋霞的这些症状是严重缺血造成的，于是，医生给刘秋霞开了一种扩张血管、提高血液循环能力的药，并嘱咐她要坚持服用 1 年。

按照医嘱，刘秋霞坚持吃了 1 年这种药。她双手的病情果然有所好转。后来，刘秋霞又开始了她的保洁工作。但是，让她没想到的是，上班没多久，手指的疼痛却慢慢转移到了头上。一天，刘秋霞在家吃完药后，突然感觉到一阵眩晕，倒在了床上。丈夫赶紧把她送到了医院，检查的结果让两人大吃一惊：刘秋霞的血压极度偏低。医生告诉她，造成她低血压的直接原因就是错误地服用了扩张血管的药，导致心脏和脑部供血不足。直到刘秋霞停止用

　　一双紫色的手的确让人感到恐怖，刘秋霞的这双紫手就给她带来了无尽的痛苦。这双手不仅让她无法正常地工作和生活，还让她遭受着疼痛的折磨。

药后，她的血压才恢复正常。

可是，刘秋霞双手溃烂的情况却越来越严重，一到冬天，双手仍然会变色，疼痛难忍。更让刘秋霞担心的是，她的脸好像也变得和以前有点不一样了。脸部皮肤发紧发亮，嘴部出现了很深的皱纹。

一个偶然的机会，刘秋霞来到了第四军医大学唐都医院的风湿免疫门诊。这个门诊的主任张岩听说刘秋霞的病情后，认为她可能得了某种罕见的怪病，但他似乎又觉得刘秋霞的症状自己听说过。后来，他想到了 19 世纪发现的"雷诺现象"。雷诺现象的特征就是，病人的双手在遇到冷刺激的情况下，会出现苍白、青紫、潮红的症状。根据这一线索，张医生对刘秋霞进行了详细检查，结果证实，就是雷诺现象的病症。而出现雷诺现象的大都是风湿病，这些风湿病包括红斑狼疮、肌炎等很多种。刘秋霞属于哪一种呢？经过进一步检查，张医生判断，刘秋霞属于一种罕见的风湿病——硬皮病，而且，在这种病的影响下，刘秋霞的双手血管产生了病变，所以，一旦受冷，她的双手就出现了变紫、疼痛、溃烂、手背僵硬等症状。奇异的"紫手人"之谜被破解，长期困扰刘秋霞夫妇的疑惑终于消除了。